차근차근

느　리　게

.

.

.

ㄴ　ㅡ　ㄹ　ㅣ　ㄱ　ㅔ

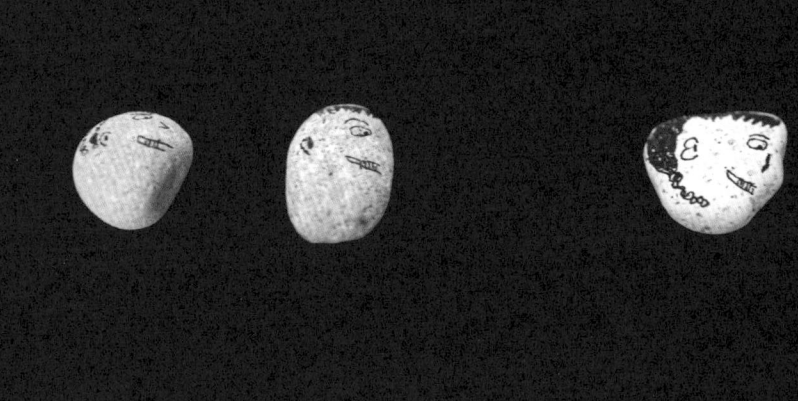

이왕이면   보기 좋게   잘 살 수 있도록

그럴 때가 있다.

아무것도 아닌데 특별하게 느껴지는 순간,   아무것도 아닌데   마 음   흔 들 리 는   찰 나 .

눈에 들어온 모든 것이 평화로운 아침.　　아 무 것 도　　　아 닌　　　듯 한 데

말간 빛이 마음까지 따스하게 퍼지는 순간.

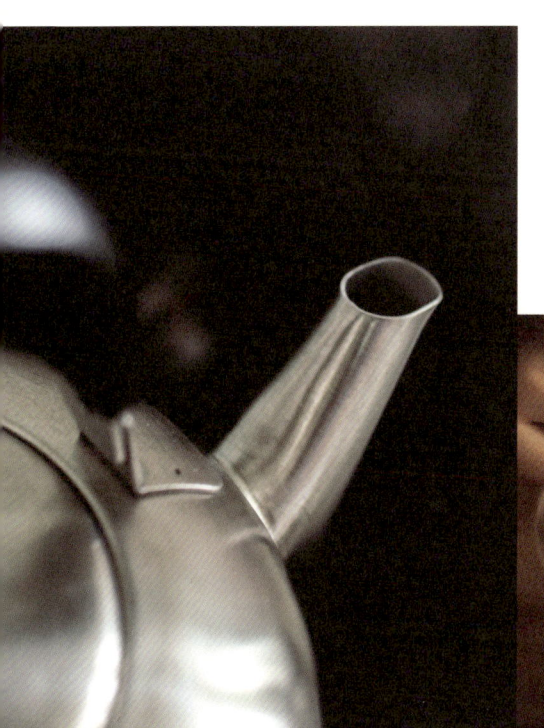

아무리 생각해도　특별할　이유가　없는

'행복의 순간'이 있다.

외할머니는 부지런한 살림꾼이셨습니다. 저는 그런 할머니의 취향을 조금이나마 물려받았다고
생각합니다. 살림꾼은 아니어도 바느질과 뜨개질을 좋아하고, 음식 만드는 것을 즐기고,
집에서 보내는 시간을 좋아하는 것은 분명히 많이 닮은 것 같거든요.
외갓집에는 부엌 안쪽으로 작은 방이 하나 있었습니다. 딱히 어떤 공간이라 불리진 않았지만
지금 생각해보니 할머니의 작업실 같은 곳이었습니다. 페달을 구르면 달달달 소리 내 뭐든 만들어내던
싱거미싱, 온갖 천과 단추, 지퍼가 차곡차곡 들어 있던 은색 철제 트렁크, 그리고 커다란 수납장이 있던 곳.
할머니는 부엌에서도 멋졌지만 그 방에서 재봉틀을 밟고 계실 때 가장 행복해 보였습니다.
식구들의 옷을 만들거나 자투리 천을 이어 조각보를 만드는 것처럼 작은 방에선 쓸모 있는 것들이
뚝딱뚝딱 잘도 만들어졌습니다.
또 할머니 집 마당에는 손수 가꾼 꽃과 나무들로 따뜻한 기운이 가득했고,
거실 마루는 언제나 반질거렸으며 부엌에선 늘 맛있는 냄새가 솔솔 풍겼습니다.
그런 외갓집에 대한 기억이 지금의 나로 살게 하는 것 같습니다.
필요한 것은 웬만하면 만들거나 고쳐 쓰고, 이런저런 먹거리를 예쁜 그릇에 담아 상을 차리고,
베란다 작은 귀퉁이에 화초를 키우며 살고 있는 지금의 내 모습을 보니 나도 모르게 할머니를
고스란히 닮았다 싶습니다. 살림이 꼭 취미 같던 할머니처럼 누가 가르친 것도 아닌데 나 또한 그렇게
살고 있네요. 아니 어쩌면, 할머니보다 내가 더 집에서의 시간을 즐기는 것 같기도 합니다.
바깥일 많던 시절에도 침대 옆에 책 몇 권만 있으면 아무 지루함 없이 한나절을 보낼 수 있었습니다.
그러고 나면 어느새 고단함이 사라졌고, 방에 틀어박혀 꼼지락거리는 일로 시간 보내는 것이 늘
행복했거든요. 게다가 지금은 집에서 보내는 시간이 더더욱 좋습니다.
내가 살고 있는 집은 서울 근교에 있는 낡은 아파트입니다. 노년에 접어들어 도시의 집을 정리하고
변두리로 옮기신 친정 부모님을 따라 이사 오게 된 건 건강이 좋지 않아서이기도 했습니다.
반복되는 유산으로 아이에 대한 기대가 사라질 무렵, 쇠약해진 몸과 마음을 이끌고 무작정
공기 좋은 친정집 곁으로 오기 급급해 얼마나 낡았는지 제대로 살피지도 못한 채 덜컥 집을 샀습니다.
다행히 이곳에서 건강을 되찾았고 소중한 아이도 얻었습니다.
하지만, 그제서야 집의 문제가 하나 둘 보이더군요. 사람의 욕심은 끝이 없습니다.
하나를 해결하면 또 하나가 문제로 나타나고 인생은 그런 문제의 연속이니까 말입니다.
다 욕심 때문이라는 걸 잘 알 면서도 살아가는 동안 멈출 수 없는 것이 보다 나은 삶에 대한 욕구이니
이 또한 겸허히 받아들이고 지혜롭게 헤쳐가야겠지요.

prologue

여하튼, 어느 순간부터 '낡은 집'은 내게 직면한 가장 큰 문제였습니다. 구입 당시의 값보다
너무 떨어져 팔 수도 없었습니다. 고민이 정점의 끝으로 치솟을 즈음, 이사할 수 없다면 내 손으로
해결해보자는 결심을 하게 되었습니다. 할머니께서 물려준 손재주를 밑천 삼아서 말이지요.
지금 생각해도 시작은 힘들었습니다. 두려웠고 조심스러웠습니다. 하지만 하나둘 내 힘으로
해결해나가다 보니 어느새 10년이라는 긴 시간이 흘렀고, 낡고 말썽 많은 집은 비록 나이는 먹었지만
오히려 살만 한 집이 되었습니다. 그리고 지금의 나는 집과 더 가까운 사람이 되었습니다.
집이 사람도 아닌데, 이제는 가족처럼 느껴지기도 합니다. 집을 온전히 사랑하게 되면서
이제야 진짜 집주인이 된 것 같기도 합니다. 오래 되고 낡아서 말썽 많은 집도 구석구석 세심하게
매만지고 살다 보니 점점 더 따뜻한 온기가 느껴지는 것 같습니다.
오랜 분투 끝에 나와 하나 된 집. 지금은 이 공간에서 보내는 시간이 더할 나위 없이 좋습니다.
애당초 나의 일이 오직 집안일인 사람처럼 점점 더 집에서 보내는 시간에 몰두하며 그날그날의 일상을
블로그에 담고 있습니다. 그러니 블로그 '다다이 느린 작업실'은 내가 살고 있는 집의 실체이기도 합니다.
생활에 필요한 무언가를 만들거나 집을 고치고 매만져가며 살림을 하는, 그 과정을 글과 사진으로
옮겨적는 블로그는 일기장이고 쉼터였습니다. 아무리 작은 일이라도 정성과 진심을 담으면 놀랍도록
소중해지는 경험들의 기록이었고, 그런 독백 같은 기록을 읽어주고 공감해주는 사람이 점점 늘어갑니다.
위안을 받았다고, 용기를 얻었다고, 고맙다고, 나도 그리 해보겠다고 애써 편지까지 주신 분들도
생겨났습니다. 그런 공감 덕분에 나 역시 무언가를 끊임 없이 해 낼 수 있는 힘을 얻기도 합니다.
블로그에서 내 이름인 '다다'는 '모쪼록 힘닿는 데까지 최선을 다해서'라는 뜻을 담고 있습니다.
늘 내 삶의 방향등 역할을 해 온 그 의미에 기대어 최고가 아닌 최선으로
허락된 형편 안에서 매일매일 열심히 살아가려고 노력합니다.
블로그의 글을 바탕으로 재구성한 이 책은 아주 천천히, 느리게 느리게 집에서 보낸
시간이 만들어낸 결과물입니다. 낡은 집을 스스럼 없이 내보이고, 누추한 서랍 속까지 열어 보이며,
취향이 담긴 일상과 생각을 가감 없이 모아 책으로 내보자 결심한 것은 모쪼록 힘닿는 데까지
최선을 다해 평범한 하루를 살아가는 많은 사람들에게 조금이라도 기운을 보태고 싶어서입니다.
다소 느리더라도 차근차근 천천히 각자 주어진 조건에서 열심히 산다면 팍팍한 일상이라도
조금은 말랑해질 수 있는 방법이 나오기 마련이니까요. 이왕이면 보기 좋은 모습으로 살아가고 싶은
저의 평범한 이야기들이 조금이나마 도움이 되었으면 좋겠습니다. 책을 뒤적이는 사이,
머릿속 생각으로만 존재했던 작은 바람이나 일들이 편안하게 실행으로 옮겨지기를 바랍니다.

contents

prologue
차근차근 느리게 느리게,
이왕이면 보기 좋게 잘 살 수 있도록

집 안에서

#01 / 그저 그런 하루

그날이 그날 ······ 18
살림, 부지런 떨지 않아도 꾸준히 비워지고 채우는 것 ······ 20
청소 ······ 22
다시는 오지 않을 하루 ······ 26
삼시세끼 ······ 28
뭐든 행동이 중요한 이유 ······ 32
주말, 그리고 밥 ······ 34
나, 나는 엄마다 ······ 36
가족 ······ 42
비스코티 만들기 ······ 46

#02 / 소중한 물건들

"어디서 샀어요?" "언제 샀어요?" ······ 48
외할머니와 골무 ······ 50
이런 것도 살림살이 ······ 52
버리기 연습 ······ 62

#03 / 리사이클 & 업사이클

오래된 목도리를 풀어서 ······ 70
마음을 부자로 만들어준 커트러리 케이스 ······ 72
겨울 옷을 향기롭고 온전하게, 천연 라벤더 방충제 ······ 76
버튼홀 스티치 하나로 뚝딱, 펠트 티 매트 ······ 80
다 쓴 화장품 용기로 만든 초간단 디퓨저 ······ 82
눈대중으로 만들어 알차게 쓰는 귀요미, 호두 핀쿠션 ······ 84
실용 만점, 달걀 용기에 색을 입힌 에그 홀더 ······ 88
별것 아닌 스팸 통 티박스 ······ 92
세탁소 옷걸이에 자투리 천 돌돌, 논슬립 옷걸이 ······ 94
집 안에서 만난 하얀 겨울, 눈꽃 모빌 ······ 96
추억을 담은 크리스마스트리, 솔방울 오너먼트 ······ 98
꽃 아니 마음 말리기, 누름꽃 ······ 100
깨진 찻잔으로 만든 미니 화분 ······ 104
세상에 하나뿐인 컵 받침 ······ 106
아이와 함께 만드는 공룡 인형 ······ 110

#04 매일매일 셀프 인테리어

집에 대한 바람 …… 116
스스로 고치면서 살기 …… 118
셀프 페인팅 …… 120
+ 셀프 페인팅에 필요한 도구 …… 136
+ 셀프 페인팅에 대해 자주하는 질문 …… 138

#05 낡은 집 매만지기

아이 방_ 서재 반 공부방 반, 반쪽짜리 공간 …… 146
침실_ 가족 모두 편히 쉬는 곳 …… 154
작업실_ 어른의 로망 …… 164
거실_ 언제나 독서와 휴식이 가능한 곳 …… 178
주방_ 좁아도 행복이 가득한 곳 …… 188
베란다_ 내 마음의 정원 & 쓸모 있는 작은 곳간 …… 204
현관_ 집의 얼굴 …… 212

그리고 … 취향

#06 / **커피, 네가 있어서**

커피가 있는 풍경 ······ 220
커피를 볶다 ······ 222
커피를 갈다 ······ 226
커피를 내리다 ······ 230

#07 / **커피 명가 산책**

다동커피집 ······ 252
보헤미안 강릉 ······ 256
한구커피 FACTORY 670 ······ 262
왈츠와 닥터만 ······ 266
커피공장 테라로사 ······ 272

집

[안]

에
서

HANDMADE  SELF-INTERIOR

A BALANCED LIFE HOME CAFE

#01

그저 그런 하루

그날이 그날, 하지만 다시 오지 않을…

새로울 것 없이 매일 비슷하게 흘러가는 일상은 어찌 보면
평온함 그 자체다. 지루함을 가장한 평온을 뚫고
불쑥불쑥 시련이 찾아오고, 그때가 되면 비로소 깨닫는다.
그저 그런 하루가 얼마나 소중한 날들이었는지를….
그러니 그날이 그날인 듯 함께 보낼 수 있는 집과 가족이 있다는 것,
이보다 더 고마운 일은 없을 것이다.

살 림

가만있어도 땀 줄줄 흐르는 날씨에 이열치열을 작정한 것도
아닌데 온종일 그릇을 삶는다. 그동안 소독을 미룬 유리병들을
볼 때마다 마음이 무겁고, 빈 병에 뭔가를 담지 못해 답답하던
참이었다. 뚜껑 달린 것들은 뚜껑을 열고, 잠금장치 있는 것들은
하나하나 분리했다. 끓는 물에 바로 넣으면 병이 깨질 수도 있으니
처음부터 물과 병을 함께 넣고 물속에 병이 온전히 잠기도록
몇 개씩 나누어 삶았다. 그렇게 삶아서 말리기를 일곱 차례.
병 속에 넣을 피클도 만들었다. 부지런한 살림이 아닌데도 열심히
비워지고 그 비움을 채우기 위해 자꾸 손을 걷어붙이게 된다.

부지런
떨지
않아도

꾸준히

비워지고
채우는
것

tip 식기 삶을 때

삶아서 쓸 수 있는 살림살이는 보통
유리나 스테인리스로 된 것이다.
유리로 된 것은 내열유리가 아닌 이상
급열, 급랭의 온도 변화에 깨질 수도 있으니
찬물에 담가 가열해야 안전하다.
스테인리스로 된 그릇이나 수저, 주방 도구는
베이킹 소다를 조금 넣고 삶아서 꺼낸 뒤
<u>베이킹 소다+구연산 또는 식초+주방 세제(1:1:0.5)</u>
섞은 것으로 부드러운 수세미를 이용해 닦는다.
그리고 뜨거운 물로 헹궈내면 웬만하면 다 반짝반짝 빛이 난다.

청 소

몸이 힘들다는 핑계로 계속 걸레질을
미뤘더니 여기저기 먼지가 가득해 오후 내내
걸레를 백 번은 빤 것 같다. 걸레 한 장을
닦고 빨고 수십 번 반복하다 보니,
아무리 더러워도 비누 칠에 금세 깨끗해지는
걸레가 신기하고 고맙다.

세탁기에서 엉켜 나온 빨래는 온통
회색빛 일색이다. 회색 옷을 즐겨 입는 것은
특별히 잘 어울려서도 좋아해서도 아니다.
그저 눈에 잘 띄지 않기 때문이다.
부드러운 건 햇살이 닿을수록 더 보송보송해지고,
까칠한 건 태양을 안으면 더 까슬까슬하다.
어쩜, 사람이랑 똑같다.

Tip

청소할 때

먼지가 많은 책장 같은 곳은 우선 먼지떨이로 바닥을 향해 털어내고 공중에 분무기로 물을 살짝 뿌린 뒤 바닥을 물걸레질하면 더 말끔하게 먼지를 제거할 수 있다. 그런 다음 진공청소기로 남은 먼지를 제거하면 마무리까지 완벽하다. 카펫은 굵은 소금을 살살 뿌려두었다가 청소기를 돌리면 카펫 속 깊숙한 부분의 먼지 제거에 도움이 된다.

빨래할 때

섬유유연제 대신 구연산을 이용해보는 것도 좋다. 우리 집은 아이가 태어난 후로 천연 세제라 불리는 것들의 도움을 받고 있다. 섬유 유연제 대신 구연산을, 표백제는 산소계 표백제(과탄산소다)를 쓰는데 가격도 저렴하고 효과도 부족함이 없다. 구연산은 무색무취라 인공 향에 예민한 사람에게 좋고, 연수 기능과 제균 효과도 있다고 한다. 산소계 표백제(과탄산소다)는 형광 증백제가 들어 있지 않아 더 안심하고 쓰게 된다.

행주를 삶을 때

비누를 조금 묻혀 조물조물 주무른 행주를 커다란 냄비에 담고 가운데를 살짝 비워 끓임쪽을 넣는다. 돌멩이가 없으면 사기로 된 작은 종지 같은 것을 넣어도 된다. 산소계 표백제(과탄산소다)와 베이킹 소다를 조금 넣고 15분 이상 끓인다. 건져낸 행주를 찬물에 여러 번 헹궈 넌다. 만약 빨래 삶은 냄비에 하얀 비누 자국이 남았다면 베이킹 소다+구연산+주방 세제(1:1:0.5)를 섞은 뒤 부드러운 수세미에 묻혀 닦아내면 된다.

가끔은   손으로 빨래를 한다.

행주나 리넨은 손빨래가 끝나는 대로
푹푹 삶아 햇볕에 바싹 말려야 한다.
빨랫물이 넘치지 않도록 끓임쪽 하나와
표백제를 넣고 가끔 뒤적뒤적하면서
푹 삶는다. 잘 삶은 빨래를 깨끗한 물로
여러 번 헹궈 볕 좋은 베란다에
탁탁 털어 널고 냄비는 깨끗이 닦아
엎어놓으면 빨래뿐 아니라 마음까지
깨끗해지는 느낌. 빨래를 삶을 때마다
늘 작은 노력으로 얻어지는 큰 기쁨에
놀랍도록 고맙다.

주방 창가에 서서 매일 설거지를 한다. 세 끼 밥을 짓고 찌개를 끓이고 십 년 넘도록 서툰 칼질을 하고 있다.
가끔은 베란다에서 키운 화초 두어 송이를 꺾어다 놓고 혼자 예뻐라 한다. 때때로 매일 보는 창밖 풍경이 낯설어
아이처럼 신기해하기도 한다. 올해도 매실장아찌와 매실주를 담갔다. 딸기가 끝물일 땐 신선한 딸기를 잔뜩 사다 얼려놓고,
여름이 오기 전엔 매실장아찌를, 가을 끝엔 유자차를 담그며 오가는 계절을 대비하는 것이 이제 연례 행사가 됐다.
올해엔 오디도 한번 얼려볼까 싶어 주문을 했다. 체력도 이렇게 저장할 수 있다면 얼마나 좋을까.

다시는 오지 않을 　 하 　 루

삼 — 시 — 세 — 끼

여행 후　　　일 상 으 로　　돌아왔다는 건
곧 삼시세끼를 내 손으로 해결해야 한다는 뜻이기도 하다.
십 년 넘은 가스레인지가 아침부터 풀 가동 중이다.
날 더우면 불 앞에 서는 것이 더 고되다. 이럴 때는 샐러드
한 그릇이면 가볍게 한 끼 식사가 해결된다.
물론 혼자 있을 때만 가능한 심플 밥상이지만.
그런데 나는 가끔 이런 점심시간이 고맙다.
간단히 챙겨도 미안하지 않은 그런 끼니가 하루에 한 번쯤
있다는 것이 얼마나 다행인지 모른다.

뭐든 행동이 중요한 이유

전날 먹고 남은 카레로 혼자 점심을 먹었다.
요즘 병아리콩, 렌틸콩, 귀리를 듬뿍 넣은 잡곡밥으로
매일 새로운 풍미를 느끼고 있다.
처음엔 맛이 낯설지 않을까 싶어 한 가지씩만 섞다가
요즘엔 쌀보다 더 많이 넣어 밥을 짓는다.
역시 무슨 일이든 시작하면 용감해지고 쉬워진다.

주말, 그리고   밥

일주일 내내 바깥에서 밥을 먹는 남편은
언제나 집밥을 그리워하고, 한 주 내내 집밥만 먹는 아이와 나는
바깥 음식이 고파지는 주말이다. 그런 주말 식탁을 한식으로 다 차리는
것은 어쩐지 부담스러워 꼭 한 끼는 파스타를 삶거나 고기를 굽는다.
그럴 때 아이도 남편도 좋아하는 초간단 바질 페스토 파스타는
내 품을 덜어주는 고마운 메뉴다.

tip | 생각보다 쉬운 바질 페스토 만들기

재료 생바질 1팩, 엑스트라 버진 올리브 오일 1/2컵,
마늘 2~3쪽, 잣 1줌, 파르메산 치즈 가루 2큰술, 소금 약간

절구나 핸드블렌더에 분량의 재료를 모두 넣고
곱게 빻거나 간다. 맛을 보면서 재료를 첨가한다.
열탕 소독한 유리병에 완성된 바질 페스토를 담고
올리브 오일을 넉넉히 부은 뒤 밀봉해 냉장고에 보관한다.
파스타, 브루스케타, 샐러드 만들 때 사용하거나
바게트에 발라 먹어도 맛있다.

나

.

나는

엄 마 다

남이 읽어내는 내 모습은 가끔은 거짓.
적당히 감추고 한 자락만 보여주는 내 마음도 때로는 거짓.

아이 입에 넣어주고 남은 쪼그라진 사과 반쪽,
남편 밥상에 급히 내고 남은 햄 조각,
덜어둔 지 꽤 오래된 캔 옥수수,
씻은 지 한참 지나 끝이 붉게 시든 양상추.

냉장고를 정리하듯 이렇게 기한 넘은 것들을 꺼내
모양 상관없이 숭덩숭덩 썰어 한 그릇에 먹어치우는 나는

여 자 가   아 닌   엄   마 .

얼린 딸기와 매실청, 우유의 환상 조합,
일명 딸기우유셔벗. 나른한 주말을 채워주는
짜릿한 그것을 아이와 둘이 나란히 앉아
한참 동안 즐겼다. 아이는 매일 아침 묻는다.

"엄마, 나 오늘 쉬는 날이야?"
 나는 꾹 다문 입으로 말한다.

네가   쉬 는   날은 엄마가   야 근 하 는   날이야.

아이는 딸기를 좋아한다. 나도 딸기를 좋아한다.
하지만 나는 아이를 낳은 뒤 딸기를 입에 넣어본 적이 별로 없다.
나보다 먼저 엄마가 된 이들은 한결같이 말한다.
애는 앞으로 좋은 거 많이 먹을 테니 좋은 것, 맛있는 것은
엄마도 함께 먹으라고. 머리로는 끄덕끄덕 잘 알겠는데
마음으론 도통 이해 못 하는 말이다.
아침에 헤어져 낮에 다시 만나는 아이가 그렇게 반가울 수 없다.
종일 붙어 있으면 힘들지만 돌아서면 바로 그리워지는,
세상에 둘도 없는 연인 같다. 그런데 가끔 혼자 노는 아이의 모습이
짠해 보일 때가 있다. 과연 부모가 언제까지 친구가 될 수 있을까
생각하면 더더욱 그렇다.

가
　족

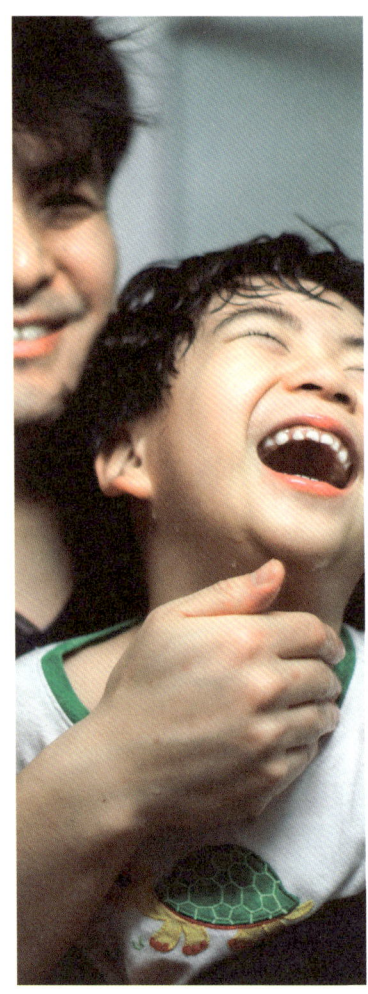

멀리 출장 갈 남편은
아침으로 한식을
원했다. 버섯영양밥에
콩나물국, 잡채,
황태구이, 묵은지볶음,
깻잎장아찌, 막 익기
시작한 깍두기와 아삭한
풋고추, 눌은밥까지
든든히 챙겨 먹은 뒤
남편은 큰 가방을 끌고
공항으로 갔고, 아빠에게
손 흔들고 막 돌아선
아이는 아빠가 보고 싶어
슬프다고 했다.

오븐에서는 비스코티가 바삭하게 구워지고,
아이는 아빠가 언제쯤 도착할지 재촉 전화를 하던 밤.
아홉 시가 넘어 귀가한 남편과 함께 와인 한 병을 마시고,
늦게까지 안 자고 버티던 아이는
엄마, 아빠와 탑플레이트 게임을 열 차례나 한 뒤에야 잠이 들었다.

이른 토요일 아침,

혼자 일어나 마시는 커피 한잔이
그렇게 여유로울 수 없다.

진짜 혼자였다면 느낄 수 없을
편안하고 든든한 여유.

방에서 늘어지게 자고 있는 두 남자가
있기에 가능한 일이다.

How to 1.0

비스코티 만들기

비스코티는 이탈리아 중부 투스칸 지방의 대표적인 쿠키다.
'두 번 굽는다'는 뜻이 있다. 한 번 굽고 완전히 식혀서 수분을 날린 뒤 고온에서 다시 한 번 구워 길게 보관할 수 있는 티 푸드다.

재료 (한 가지 맛 비스코티 기준)
박력분 100g, 베이킹파우더 1/2작은술, 아몬드 가루 40g, 달걀 1개, 설탕 30g, 소금·바닐라 설탕 약간씩, 올리브 오일 20ml, 통아몬드 30g, 건과일 30g, 럼주 1큰술(건과일이 적당히 잠길 정도)

1. 건과일은 럼주에 담가두고 통아몬드는 프라이팬에 살짝 볶는다.
2. 작은 볼에 설탕, 소금, 바닐라 설탕, 달걀을 넣고 거품기로 섞은 뒤 올리브 오일을 넣어 살짝 젓는다.
3. 밀가루를 곱게 체에 치고 아몬드 가루와 베이킹파우더도 체에 곱게 내린다.
4. 준비한 것을 모두 넣고 잘 섞는다.
5. 적당한 크기로 뭉쳐 랩을 씌우고 냉장고에 1시간 정도 둔다.
6. 170도로 예열한 오븐에 유산지를 깔고 냉장고에서 꺼낸 반죽을 넣은 뒤 30분간 굽는다.
7. 오븐에서 꺼내 1cm 두께로 썰어 완전히 식힌다.
8. 180도 오븐에서 15분간 한 번 더 구운 뒤 식힘망에서 충분히 식힌다.
9. 밀폐 용기에 식품용 습기 제거제를 함께 넣어두면 바삭하게 보관할 수 있다.

어디서 샀어요?

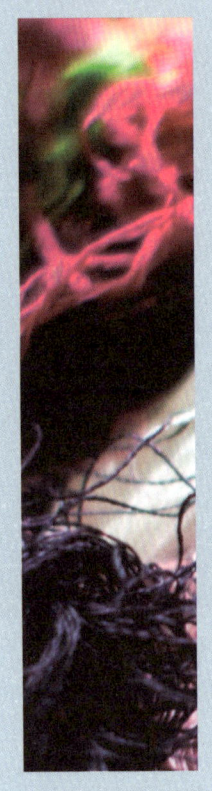

#02 소중한 물건들

언제 샀어요?

블로그에 이것저것 만든 것을
올리다 보니 자주 듣는 질문 하나가
"어디서 샀어요?"다.
그럴 때마다 아주 오래된 것이 많아
답하기가 어렵다.
대부분이 섬유미술을 전공하던
대학 시절부터 꾸준히 모아온 것이다.
결혼 후 대학에 강의를 나가면서부터는
방학 때마다 일본에 사는 오빠 집에
드나들며 좋아하는 실과 천, 책 등을
열심히 사들였다.
그렇게 모은 것 중에는 벌써 20년이
넘은 것도 있다. 그러니까 지금까지 가지고
있는 것들은 오래전에 사두고 아까워서
못 쓰거나 게을러 사용하지 못한 것들이다.
그중에서도 앤티크 레이스 천은
가위 대기가 아까워
꺼내 보고 다시 넣기를 수차례 반복하다
그대로 간직한 보물과 같다.

외할머니의 골무

외할머니는 나의 우상이다. 할머니는 내 첫 바느질 선생님이자
오랜 바느질 동무였다. 내가 어렸을 땐 사시사철 옷을 지어주셨다.
평상복은 물론 수영복과 한복, 내가 가지고 놀던 인형의 옷까지 모두 만들어주셨다.
겨울이 오면 작아진 스웨터를 풀어 뜨개질을 하셨고, 그것을 내 몸에 연신 대보며
크기를 가늠하시던 모습이 아직도 생생하다. 어릴 적부터 그런 모습을
자주 봐서일까, 나는 초등학교 4학년 때 손바느질로 보조가방을 만들어 들고
다니고 5학년 땐 흰색 실로 벙어리장갑을 뜨기도 했다. 그런 내게 할머니는
쓸데없는 솜씨를 물려줘 평생 일복에 시달릴까 걱정된다 하셨다.
하지만 나는 좋다. 그런 할머니를 닮아서 정말 좋다.
할머니는 내가 아이를 낳을 무렵 돌아가셨다. 그때 미처 할머니의 미싱을
챙기지 못한 것이 두고두고 서운하지만 생전에 물려주신 천과 수실,
조각보, 골무가 있어 다행이라고 생각한다. 골무는 할머니가 시집올 적에
만들어 오신 것이다. 아직 새것도 있고 많이 닳아 해진 것도 있다.
어느 하나 같은 모양 없이 곱게 수놓은 것이 볼수록 경탄하게 된다.
나는 그런 할머니의 골무에 반해 골무 만드는 법을 배우기도 했다.
자투리 명주 천 조각을 이어 만든 수수한 내 골무를 감히 할머니 골무와
비교할 수 없지만, 한데 풀어놓고 보다 보면 잠시나마 돌아가신 할머니를
그리워하기에 충분하다. 햇살이 따스하게 내려앉은 오후, 할머니와 마주 앉아
담요에 두 발 밀어 넣고 바느질하던 지난 시간이 문득문득 그립다.

이런 것도

살
림
살
이

뭔가 깨끗하게 다 쓰면
그렇게 기분이 좋을 수가 없다.
꼭 필요한 것을 아주 잘 샀다는 생각도 들고,
중간에 시들해지지 않고
끝까지 쓴 것이 대견스럽기도 하다.
시행착오가 없었던 건 아니다.
하지만 살림의 햇수가 늘수록
무엇을 좋아하고 무엇을 자주 사용하게 되는지
점점 명확히 알아가는 것 같다.
그것을 갖기 위해서 다른 것은
줄이거나 포기해야 한다는 것도 배웠다.
살면서 이렇게 좋아하고 필요한 것만
내 것으로 가질 수 있다면
인생이 얼마나 가볍고 풍요로울까.

저장 용기

유리병이 참 많다.
조림이나 절임 음식을 담기에도 좋고
더치 커피를 내려 보관하거나
선물하기에도 좋다. 그런데 이상하다.
삶아서 소독해둔 것도 시간 지나면
안쪽이 부옇게 되어 다시 닦아야 한다.
그런 것을 보면 물건이란
소유하기보다 간수하기가
더 힘들다는 걸 깨닫게 된다.

솔 방울과   돌 멩이

화분으로 쓰던 양철통을 깨끗이 닦아
여행과 산책을 하며 모은
솔방울과 돌멩이를 담아두었다.
이런 것도 살림살이라고 하면 남들이 웃겠지만
돈 주고 살 수 없는 것들이라   내게는 귀하고   소중하다.
건조한 계절에는 솔방울을 접시에 담아
물을 뿌려서 천연 가습기로 쓰기도 하고,
돌멩이는 깨끗이 닦아 햇볕에 잘 말려서
통 속에 소복이 모아두었다가
책 읽을 때는 굄돌로,
행주 삶을 때는 끓임쪽으로 사용한다.

티 타 임   도구

커피만큼 홍차도 즐겨 마시다 보니
나는 컵도 좋아한다. 머그잔도 좋고 받침이 있는
여성스러운 찻잔도 좋고 두루두루 좋다.
잔에 따라 맛과 기분이 달라 컵 욕심만큼은
좀처럼 비워지지 않는다.
밥은 삼시세끼 똑같은 그릇에 먹으면서
차 마실 땐 왜 그리 호사를
부리고 싶은지 모를 일이다.

옷보다 행주

예쁜 찻잔만큼 또 좋아하는 것이 행주다. 여행지에서 질감 좋은 행주를 발견하면
사 오기도 하고, 마음에 드는 천이 있으면 가장자리를 박아 직접 만들기도 한다.
다양한 크기의 키친 클로스는 차곡차곡 접어두었다가 주방 수건으로 쓰거나
설거지한 그릇의 물기나 얼룩을 닦을 때 사용한다. 또 먼지 타기 쉬운 물건을
덮어두기도 하고 식탁에 뜨거운 그릇을 올릴 때 깔거나 티 매트로도 이용한다.
별것 아닌 천 한 장도 잘 사용하면 쓰임새가 많다. 주로 리넨이라 부르는
마 소재의 패브릭을 선호한다. 수분 흡수가 잘되고 빨리 마르기 때문이다.
주방에서 사용하기에 더없이 위생적인 소재로 색깔별로 모아 손빨래를 하면
오래도록 쓸 수 있는 귀한 살림이다.

그 릇   물려받은 것과 물려주고 싶은 것

어릴 적 외갓집에는 제법 예쁜 그릇이 많았다.
외할머니 유품을 정리할 때 미처 챙기지 못한 오래된 찬장과 낡은 찻잔,
빈티지 그릇이 지금도 눈앞에 아른거린다.
심플하고 단단한 내 그릇과 함께 옛날 다방에서나 봄직한 찻잔,
지금 봐도 모던한 할머니의 그릇은 오래도록 곱게 쓰고
자식에게도 물려주고 싶다.

도마와 쟁반, 나 무 로 만든 것들

나무로 만든 물건의 따뜻한 질감과 빛깔은 마음을 편하게 한다. 꾸밈이 없으되 독특한 결이 살아 있는 소박함 자체가 매력이다. 그런 온기에 끌려 볼 때마다 하나둘 사 모으기 시작한 살림이 이제 제법 그 수가 많아졌다. 나무 사랑이 유별나다 보니 손잡이에라도 나무가 달리면 애정이 각별해져 스푼, 포크, 젓가락, 국자, 주걱, 스파게티 메저와 파스타 집게 같은 자잘한 조리 도구와 크고 작은 도마, 여러 모양과 크기의 쟁반 등 가지고 있는 종류도 다양하다. 대부분 여행 중에 사 모은 것이라 사연과 추억도 제각각이다. 이런 나무 살림은 씻을 때 되도록 세제를 사용하지 않는다. 세제로 닦으면 코팅이 벗겨지고 나무 속으로 세제가 배어 음식물에도 들어갈 수 있기 때문이다. 특히 도마는 표면에 코팅이 돼 있다 해도 계속 칼질을 하게 되니 세제 사용은 금물. 대신 소금으로 문질러 닦아 물기를 말린다. 가끔은 건조된 상태에서 도마용 오일이나 올리브 오일을 묻힌 천으로 문질러 관리한다. 껍질 벗긴 호두알을 천으로 감싸 으깬 뒤 묻어나는 기름으로 문질러도 좋다. 그런 다음 그늘진 곳에 밀려 사용하면 천연 코팅 효과를 볼 수 있다.

버 리 기

연 습

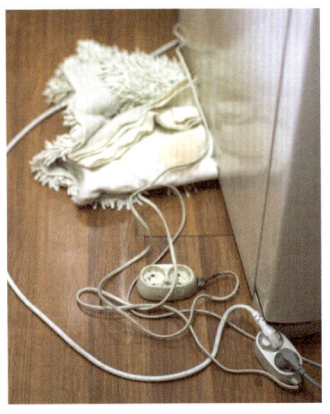

낡은 혼수   오래 된 것 에 대하여

열다섯 살짜리 내 냉장고에 사망 선고를 내린 A/S 기사가
"이 냉장고 코드만 뽑아도 전기세가 많이 줄 거예요"라고 했다. 그냥 하는 소리려니
하고 지나갔는데 3개월쯤 지나 관리비 내역서를 보다 뒤로 넘어갈 뻔했다.
전기세가 정확히 반으로 줄었다. 머릿속이 제대로 '쨍' 했다.
나는 구닥다리 할머니 같은 생각으로 살고 있었나 보다. 뭐든 한번 사면
더는 쓸 수 없을 때까지 사용하는 게 무조건 좋다고만 생각했으니까.
15년이나 썼으니 그만하면 충분하다 생각하고 새 냉장고를 사버리면 될 일인데
선뜻 그리 되지 않았다. 카탈로그를 들고 고민만 하다 결국 한여름을 냉장고 없이
보냈다. 김치냉장고에 저장 식품만 간신히 보관하면서 여름이 가고 겨울이 왔다.
냉장고가 없으니 밥상을 차리기 위해 매일 장을 봐야 했다. 덕분에 밥상은 단순하고
가벼웠다. 뭐든 없으면 없는 대로 잘 살 수 있다는 사실을 알게 되었다.

가끔 지인들이 물었다.
"냉장고는 샀어?"
"아니, 아직…."

냉장고 없이 살다 보니 새 냉장고를 구입할 생각이 의외로 꽤 멀어져 오히려
좁은 부엌에 방치된 헌 냉장고를 보는 것이 부담스러웠다. 결혼 때 준비한 혼수를
평생 쓸 수 있을 거라는 엉뚱한 믿음은 뭔가 자주 바뀌는 것을 힘들어하는 성격이라
그랬거나, 뭐든 닳고 닳도록 쓰던 엄마와 외할머니의 영향을 받았기 때문일 수도 있다.
여하튼 결혼 16년 만에 이렇게 많은 물건이 한꺼번에 힘을 잃을 거라고는
상상하지 못했다. 가스 오븐은 점화가 잘 안 돼 라이터로 불을 붙여야 하고,
침대의 갈빗살을 감싸고 있는 고무는 군데군데 끊겨 가끔 침대가 꺼지기도 한다.
옷장 속 서랍은 코팅 필름이 벗겨졌고, 장식장의 손잡이는 열 때마다 빠져
조심조심 다뤄야 한다. 가전제품은 그렇다 쳐도 가구는 좀 다를 거라 생각했는데
그것도 마찬가지였다. 어린 시절 외할머니 댁에 있던 가구는 전부 오래됐어도
늘 튼튼하고 사랑스러웠는데 참 이상도 하다.
그사이 흐른 세월이 얼마고 세상이 얼마나 많이 변했는데 이런 생각을 하고 사는
내가 이상한 걸까. 어쨌든 냉장고 해프닝 이후로 물건에 대한 생각이 조금 바뀌어
수명 다한 것은 제때 치워내는 결단이 필요하다는 것도 알게 되었다

추 억 을   버릴 수   있을까

병원에 입원하면서 깨달은 사실 하나. 그건 어느 날 갑자기
아무것도 할 수 없는 상태가 될 수 있다는 것이었다. 문득 겁이 났다.
주변 정리를 나 아닌 다른 사람이 할 수도 있다고 생각하니 두려웠다.
그래서 시작한 것이 버리기 연습이다.
하지만 나만의 추억과 사연이 깃든 물건을 버린다는 것이
생각처럼 쉬운 일은 아니었다. 정리를 하다가 중간에 기운이 빠져서
버리기에 관한 책을 찾아 읽기도 했다.
물건을 정리하고 버리다 보면 그간의 인생이 보인다고 했다.
그런데 버리는 것보다 간직하는 데 더 재주가 많은 나는
참 오랫동안 추억을 끌어안고 살았더라.
오래된 책과 스크랩북을 정리하면서 그간 나의 관심사를 훑어볼 수 있었다.
요리 관련 자료를 정리하는 데 꼬박 하루가 걸렸다.
십 년 치도 넘는 가계부에는 무수히 많은 영수증과 각종 고지서가 들어 있었고
한 달 넘게 떠난 유럽 여행의 흔적도 그대로 남아 있었다.
그리고 가장 버리기 어려운 것이 편지였다.
먼 곳으로 떠난 친구가 보낸 것, 대학 합격 축하 전보,
친구들이 다니던 학교의 학보, 이제는 이름도 생소한 어떤 이의 러브레터,
먼 나라에서 온 항공우편, 이웃집 오빠의 그림 편지,
어린 제자들의 귀염 묻은 카드…. 그것들을 펼쳐 보다가
누군가 그려준 내 얼굴에 나도 모르게 웃기도 하고,
아직도 멀쩡하게 울려 퍼지는 캐럴 소리에 깜짝 놀라기도 했다.
그리고 친구의 따스한 마음이 느껴지는 글귀를 읽을 땐
참고 있던 눈물이 와락 쏟아졌다.
친구의 말처럼 나는 세월에 변질되지 않고 곱게 잘 늙어가고 있을까.
차곡차곡 묶여 있어 많은 줄 몰랐는데 어느새 100리터짜리
쓰레기봉투 한가득이다. 그날 잠들기 전에 생각했다.

하룻밤 지나고 나서도 괜찮다면

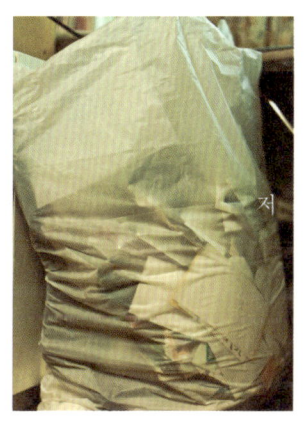 저　　쓰레기봉투를　　버리겠어!

하지만…　　　자고 일어나니 도저히 용기가 나지 않았다.

다시 봉투에서 편지를 꺼내 펼쳐 보았다. 내가 그들을 잊고 살았듯
그들도 나를 잊었겠지만 그때 그 순간만큼은 진실했다. 편지를 읽을수록
나는 참 많은 것을 받고 살았다는 것을 깨달았다. 고맙고 기쁘고 또 미안해 눈물이 났다.
정리를 마치고 상자에 남은 인연들을 다시 한 번 쓸어봤다.
손끝을 타고 온기가 스미듯 마음이 따뜻하게 데워지는 느낌이다.
정리를 통해 가짓수가 훨씬 줄었지만 그래서 더 소중한 것들이다.

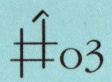

03

리
사
이
클

&

업
사
이
클

오래된 목도리를   풀어서

아주 긴 목도리를 뜨고 또 뜨던 때가 있었다.
그런데 그토록 열심히 뜨던 기억은 어느새 잊고,
겨울옷 정리를 하다가 선반 가득한 목도리가
버겁게 느껴졌다. 그렇다고 공들여 만든 것을
버릴 수 없어 시작한 일이 '목도리 풀기'다.
잘 쓸 수 없다면 고쳐 쓰는 것도
방법이라고 생각했다. 목도리의 술을 조심조심
떼내고 줄줄이 푼 실을 두 갈래로 갈라
동그랗고 단단하게 감아두었다가 다른 자투리 실과
함께 모아 모티브 블랭킷을 만들었다.
쓰임을 다했거나 마음이 떠난 물건도
다행히 새로운 무엇이 될 수 있다.

버려서 후련한 것도 있지만
때론   버리지 않아도   돼서   위안이   되기도 한다.

How to 2.0

마음을 부자로 만들어준
커트러리 케이스

곳곳에 굴러다니는 포크를 모조리 정리하겠다며 큰소리 뻥뻥 칠 땐 언제고, 달랑 하나 만들어놓고 시간 끌다가 결국에 만든 두 번째 커트러리 케이스. 여기에 몇 개를 보태는 데 몇 년이 더 걸렸는지. 만들기 어려워서라기보다 같은 것을 네 개나 만들다 보니 지겨웠던 것 같다. 오랜 시간이 걸렸지만 이리저리 뒹굴며 부딪쳐 상처 난 것들을 가뿐히 정리했다. 돌돌 말린 커트러리 케이스를 들여다보고 있으니 어느새 부자가 된 듯 마음이 넉넉해진다.

재료(1개 분량)

천 2종류, 가죽 혹은 샤무드 끈(70cm 정도), 장식용 전사지, 재봉용 실, 바늘, 시침핀, 가위

1. 안감과 겉감을 같은 크기로 재단한다. 가로는 커트러리의 개수×5cm+10cm, 세로는 커트러리의 세로 길이+28cm, 시접은 사방 0.7~1cm로 잡는다.
2. 겉감과 안감을 겉면끼리 마주 대어 창구멍을 남기고 가장자리를 박음질한다.
3. 창구멍으로 뒤집은 후 창구멍의 겉감과 안감 시접을 각각 안쪽으로 접어 넣고 공그르기한다.
4. 가장자리에서 0.2cm 정도 안쪽으로 촘촘히 박음질한다.
5. 커트러리가 들어갈 아랫부분을 15cm 접어 올려 좌우를 핀으로 고정한 뒤 왼쪽 가장자리를 박음질한다.
6. 오른쪽에는 70cm 길이의 끈을 끼운 뒤 핀으로 고정해 함께 박음질한다.
7. 커트러리가 들어갈 자리는 5cm 간격으로 선을 그린 다음 박음질한다. 커트러리를 넣고 빼는 윗부분은 튼튼하게 여러 번 되박음질한다.
8. 겉면에 장식을 붙인다. 전사지를 사용할 경우 원하는 위치에 전사지를 얹은 후 고온의 다리미로 눌렀다가 완전히 식으면 종이를 떼어낸다.
9. 커트러리를 넣고 윗부분을 덮는다.
10. 돌돌 말아 끈으로 돌려 묶는다.

tip 겉감과 안감이 다른 종류의 천일 경우, 세탁했을 때 줄어드는 정도가 다를 수 있으니 미리 한 번 빨아서 바느질한다

1

How to 3.0

겨울옷을 향기롭고 온전하게
천연 라벤더 방충제

겨울옷 정리를 앞두고 천연 라벤더 방충제를 만들었다.
쟁반에 가득 담으니 초등학교 운동회 때 던지던
오재미 같기도 하고, 이리 보고 저리 봐도 너무 고와
자투리 천이 새삼 고맙다는 생각이 들기도 한다.
옷장 경첩마다 줄줄이 걸고 이불장에도 걸었다.
옷걸이마다 목걸이처럼 걸고 나니
이제 정말 겨울은 잠시 안녕이다.
다시 추운 날이 올 때까지 향기롭고 온전하게
잘들 쉬고 있으렴.

재료
얇고 통기성 좋은 자투리 천,
라벤더 티(또는 라벤더 꽃 말린 것),
고리용 도톰한 실(또는 끈)

1 라벤더 티는 고운체에 받쳐 미분을 제거한다.
2 천은 가로와 세로를 2:1 비율로 자르고, 고리로 쓸 끈은 20cm 길이로 자른다.
3 끈으로 사용할 실은 반으로 접어 단단히 묶는다.
4 천을 겉과 겉이 마주 보도록 반으로 접어 한쪽 모서리 안쪽에 끈을 끼운 뒤 봉투 모양이 되도록 좌우를 박음질한다. 같은 방법으로 필요한 개수만큼 만든다.
5 입구 부분의 시접을 접어 넣고 라벤더 티를 담는다.
6 모든 봉투에 라벤더를 가득 채워 시침핀으로 고정한 뒤 재봉틀로 줄줄이 박는다.

tip 손바느질로도 쉽게 만들 수 있다. 자투리 천을 모아 여러 가지 크기로 만들면 더 귀엽다.

How to 4.0

버튼홀 스티치 하나로 뚝딱
펠트 티 매트

바구니를 만들고 남은 자투리 펠트지를 보면서 뭔가 만들어야지 하다가 우연히 인터넷에서 본 도톰한 펠트 티 매트가 생각났다. 기계로 자른 색색의 펠트지는 절단면이 깔끔하고 도톰한 데다 값도 저렴하다. 그에 비해 내가 만든 매트는 투박하고 예쁜 구석도 없지만 나름의 손맛이 배어 있다. 단순하지만 그냥 이대로가 좋다. 리넨으로 만든 티 매트는 풀을 먹이거나 다림질해두지 않으면 구김이 심해 관리가 쉽지 않은데 펠트지로 만든 것은 편하게 막 쓸 수 있어 자주 손이 간다.

재료 펠트지, 가죽 공예용 마 실(또는 십자수 실), 바늘, 가위, 원형 접시

1 펠트지에 원하는 크기의 동그란 접시를 대고 그려 모양대로 오린다.
2 다른 색깔의 펠트지 2장을 겹쳐놓고 색실로 가장자리에 버튼홀 스티치를 한다.
   0.5mm 들어간 안쪽에 선을 그려놓고 바느질하면 바늘땀이 고르게 완성된다.
3 시작과 끝 부분의 매듭을 펠트지 사이로 숨긴다.

tip 옆 부분을 신경 써가며 바느질해야 완성했을 때 예쁘다. 도톰한 펠트지라면
     바느질할 때 빡빡하지 않게 바늘귀가 크지 않은 바늘과 고무 골무를 사용한다.

How to **5.0**

다 쓴 화장품 용기로 만든
초간단 디퓨저

짙은 유리병 화장품 용기는
사용 후 버리지 않고
깨끗이 닦아 모아두곤 한다.
자그마한 꽃 몇 송이 꽂아도 좋고
이렇게 입구가 작을 땐
천연 오일을 넣어 디퓨저로
만들어도 좋다.
나뭇가지를 리드로 꽂고
손뜨개 도일리 위에 올려놓았더니
제법 멋스럽고 자연스럽다.

재료
다 쓴 화장품 용기, 디퓨저 베이스,
에센셜 오일, 계량 스푼,
가는 나뭇가지 또는 시판 리드

1   재활용 용기는 말끔하게 닦아 남아있는 잔향과 물기를 완전히 제거한다.
2   천연 오일과 디퓨저 베이스의 비율을 2:8로 하여 에센셜 오일을 유리병에 담고 디퓨저 베이스를 붓는다.
3   여기에 나뭇가지 리드를 꽂으면 완성. 리드의 개수가 많을수록 향기가 진하다.

tip   리드는 디퓨저 용액을 빨아들여 향기를 공기 중으로 확산시키는 역할을 한다. 나무, 섬유, 석고 등 종류가 다양하며, 사용 중 향이 약하게 느껴질 땐 리드를 교체해주면 좀 더 오래도록 향기를 즐길 수 있다.

1 …▶

2 …▶

3 …▶

How to **6.0**

눈대중으로 만들어 알차게 쓰는 귀요미
호두 핀쿠션

유치원에서 돌아온 아이가 말한다.
"엄마, 이거 엄청 잘 만들었다."
어깨가 으쓱해지려는 순간, 한마디 덧붙이는 녀석.
"엄마 대단해. 이거 진짜 호두 같아."
(흑. 아들아, 그거 진짜 호두로 만든 거거든.)
호두 껍질로 핀쿠션을 만들기 시작한 건 13년 전부터다.
신주쿠의 한 서점에서 산 마사키(일본의 유명
패션모델이자 라이프 스타일리스트)의 책에서 처음
작고 귀여운 호두 핀쿠션을 발견하고는 당장 호두를 사러 갔다.
그런데 정작 책에는 만드는 방법이 없어
눈대중으로 따라 만들어야 했다. 그렇게 만든 것들.
그 후로 오랫동안 마사키의 팬이 되었다.

재료
자투리 천, 가위,
실과 바늘, 방울 솜,
반으로 쪼개서
바싹 말린 호두 껍질,
목공용 본드

1
자투리 천을 지름 8cm 크기로
동그랗게 자른다.

2
가장자리를 홈질한 뒤 실을 살짝 당겨
솜이 들어갈 수 있을 정도로 동그랗게
오므린다.

3
방울 솜을 채워 넣고 실을 살살
잡아당겨 완전히 오므린다.

4
홈질한 자리가 모인 부분을 한 번 더 바느질해서
풀어지지 않도록 굵게 매듭짓는다.

5
완전히 마른 호두 껍질에
목공용 본드를 바른다.

6
동그랗게 쿠션 모양을 잡아 호두 껍질 안으로
밀어 넣어 붙인다.

How to 7.0

실용 만점, 달걀 용기에 색을 입힌
에그 홀더

한동안 구운 달걀을 열심히 사 먹었다.
달걀 여섯 개가 들어가는
아담한 크기의 달걀 용기가 필요해서였다.
이것을 만들기 위해 이틀 동안 칠하고 말리는 게
바느질보다 훨씬 더 힘들었지만
재활용의 특별한 재미를 알게 해준 아이템이다.
예쁜 장식이나 화려한 컬러링은 취향에 맞지 않아 사양.
냉장고에 넣고 쓸 것과 프라이팬 옆에 두고 쓸 것까지
수수하지만 요긴하게 만들었다.

재료
달걀 용기, 목공용 본드, 젯소(프라이머),
아크릴 물감(또는 페인트), 붓, 레터링 스티커,
무광 바니시

1   보관함으로 쓸 달걀 용기는 겉에 붙은 상표를 제거하고 목공용 본드로 상한 부분을 보수한다.

2   에그 홀더로 쓸 용기는 뚜껑 부분을 자른다.

3   달걀 용기에 꼼꼼히 젯소를 바른다. 마르면 한 번 더 발라 바싹 말린다.

4   달걀 용기 앞뒤 면에 아크릴 물감을 칠한다.

5   마른 뒤에 한 번 더 칠한다.

6   완전히 마르면 뚜껑이 달린 보관함에 스티커를 붙여 장식한다.

7   마지막에 무광 바니시를 발라 마무리한다.
바니시를 발라야 습기가 방지되므로
　냉장고에 넣고 사용할 것에는 반드시 바른다.

How to **8.0**

별것 아닌
스팸 통 티박스

누구나 생각할 수 있는 흔한 아이템이지만 스팸을 자주 먹지 않는 우리 집에서 스팸 통은 나름 귀한 소재다. 마트에서 세일하는 스팸을 몇 년 만에 사면서 내용물이 아닌 깡통을 보고 흐뭇했다. 서랍에 굴러다니던 티백을 꺼내 새롭게 만든 티 박스에 차곡차곡 담았다. 어차피 서랍으로 들어가면 그만인데 뭐 그리 공들이나 싶지만 그건 만드는 순간의 즐거움 때문인지도 모른다. 깡통 두 개에 별것 아닌 치장을 하고서 아이처럼 즐거워할 수 있으니까.

재료 스팸 통, 젯소, 페인트(또는 아크릴 물감), 무광 바니시, 붓, 스티커 제거제(또는
　　　선크림), 예쁜 그림이 있는 천이나 종이, 딱풀

1　스팸 통의 비닐을 벗기고 스티커 제거제를 발라두었다가 문질러 본드 자국을 닦아낸다.
2　통 표면에 젯소를 바른다. 충분히 마른 뒤 한 번 더 바른다.
3　페인트를 칠하고 바싹 말린 뒤 다시 한 번 칠한다.
4　오려둔 그림에 풀을 발라 통에 붙인다.
5　무광 바니시를 덧바르고 완전히 마르면 한 번 더 발라 충분히 건조시킨다.

tip　젯소나 페인트가 마르는 동안 붓을 그대로 두면 금세 말라버린다.
　　 사용한 붓은 미지근한 물에 씻거나 비닐에 잘 싸두었다가 덧칠한다.

1

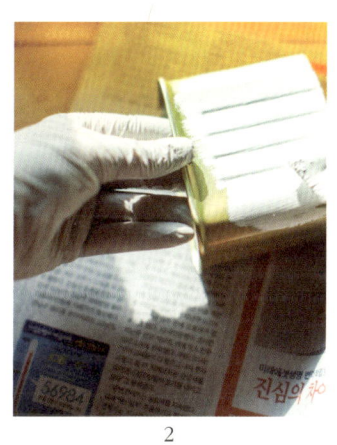

2

3

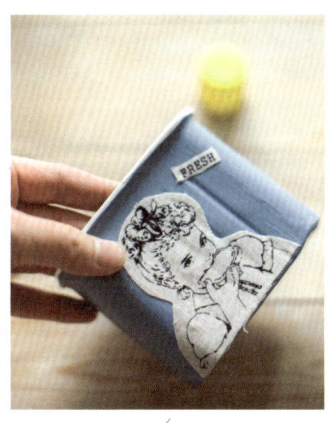

4

5 ···▶

How to 9.0

세탁소 옷걸이에 자투리 천 돌돌
논슬립 옷걸이

세탁소 옷걸이로 만든 논슬립 옷걸이.
원래는 퀼트 재료를 정리하다가 폭이 너무 좁아 바이어스로도 쓸 수 없는
자투리 천을 없애기 위해 생각해낸 아이디어였다. 완성된 옷걸이는
예상보다 훨씬 더 멋스럽고 예뻐 흡족한 마음으로
라벤더 향주머니를 걸고 옷장 속으로 들였다.

재료 세탁소 옷걸이, 좁고 긴 자투리 천, 공예용 본드(마르면 투명해지는 것)

1 폭이 넓은 천은 대략 1.5cm 폭으로 잘라 사용한다.
2 천의 시접을 접은 뒤 공예용 본드를 발라 옷걸이 고리 부분부터 돌돌 감는다.
3 한쪽 면을 시접처럼 접어가며 감고 중간중간 본드를 살짝 바르면
   쉽게 풀리지 않는다. 본드는 10cm 간격으로 바르면 적당하다.
4 마무리할 때도 시접을 접어 넣고 본드를 넉넉히 발라 힘껏 말아 감는다.

tip 폭이 넓은 천을 사용하면 금세 완성할 것 같지만 절대 그렇지 않다. 폭이 넓으면
     제자리에 반복해서 감기게 되고 모양도 예쁘지 않다. 1.5cm 폭이 가장 좋다.

1

2

3

4

How to 10.0

집 안에서 만난 하얀 겨울
눈꽃 모빌

추운 북쪽 나라 어느 집 창가에서 살랑거릴 듯한 흰색 눈꽃 모빌.
와락 달려드는 아이를 밀쳐내며 온종일 엎드려 완성한 것이다.
종이를 파서 만드는 이 작업은 결과보다 과정이 즐겁다.
종이 본의 흰 면을 잘라낼 때마다 드러나는 고운 문양.
저녁 나절 퉁퉁 부은 손가락을 보면서 후회하기보다 이 모빌을 더 많이
사랑해주기로 마음먹었다. 눈꽃 사이로 햇살이 말갛게 투과된 모습도 예쁘고
역광을 마주한 모양새도 보기 좋다. 올겨울엔 눈 쌓인 풍경을 찾아가지 않아도
집에서 매일 고운 눈꽃을 볼 수 있으니 그것으로 충분하다.

재료 눈꽃 모양을 프린트한 종이, 칼, 두꺼운 종이,
      굵은 실(또는 투명한 낚싯줄, 가느다란 끈)

1   눈꽃 모양을 프린트한 종이는 여유 있는 크기로 자른 뒤
    여백 부분에 풀칠해서 두꺼운 종이에 살짝 붙인다.
2   하얀 부분만 칼로 파낸다.
3   프린트한 얇은 종이를 떼어낸다.
4   두꺼운 종이에 완성된 문양을 굵은 실로 연결한다.

1   2   3 ⋯▶

tip   눈꽃 모양은 인터넷이나 책에서 쉽게 찾을 수 있다. 그것을 적당한 크기로 프린트해 사용하면 된다.
칼은 끝이 뾰족한 아트 나이프를 사용하면 좋다. 또 모빌로 사용하려면 도톰하고
결이 예쁜 종이를 사용한다. 얇은 종이는 쉽게 구겨지기도 하고 무엇보다 덜 예쁘다.
나는 머메이드 용지보다 5~6배 이상 두꺼운 수채화용 종이로 만들었는데 종이가 너무 두꺼우면
양면에서 파내야 해서 힘들지만 만족도는 200%!

4 ⋯▶

How to 11.0

추억을 담은 크리스마스트리
솔방울 오너먼트

여행을 다니며 아이와 함께 주운 솔방울이 제법 수북이 쌓였다.
그것으로 만든 오너먼트. 오너먼트 위에 하얀 눈도
소복하게 얹어보았다. 다음 날 아침 잠에서 깬 아이가 들뜬 목소리로
"엄마, 밖에 눈이 왔어요"라고 말한다.
아이가 눈 밟으며 신나게 노는 사이 눈 위에 솔방울을 펼쳐보았다.
눈 쌓인 나무에도 걸어보고 군데군데 비어 허전한 크리스마스트리에도
달아보았다. 추억이 담겨 있어 더 특별한 오너먼트.

재료
솔방울, 모델링 콤파운드(또는 흰색 래커나 아크릴 물감),
반짝이 실, 글루건

1
솔방울에 모델링 콤파운드를
떠서 바른다.

2 ···▶
글루건으로 실을 달아
고리를 만들면 완성이다.

tip
모델링 콤파운드는 두꺼운
텍스처를 만들어 그 위에 물감을
칠할 때 사용하는 화구다.
아크릴 물감보다 발색력은 떨어지지만
빨리 마르고 바르기가 편리하다.
마르면 색깔이 더 밝고 불투명해진다.

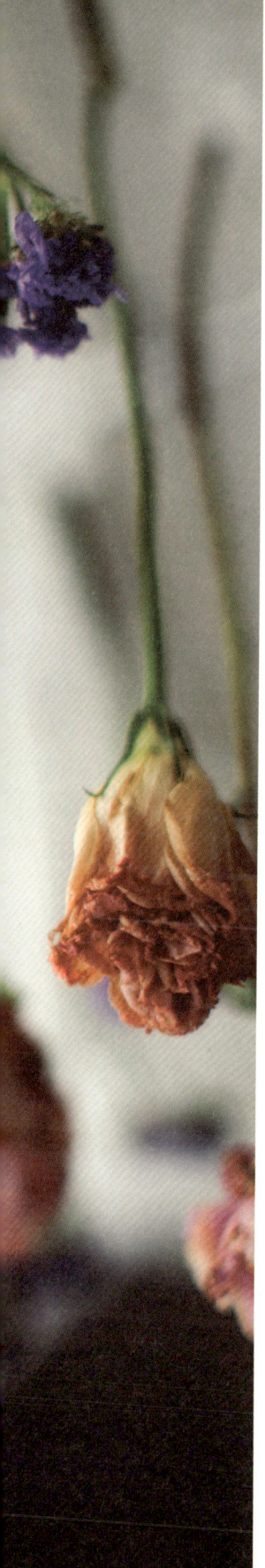

How to 12.0

꽃 아니 마음 말리기
누름꽃

어버이날이 한참 지나 시들기 시작한 꽃을 정리했다.
시든 꽃을 정리하는 방법은 두 가지.
하나는 곱게 뒤집어 바람이 살랑거리는 곳에
한 송이씩 널어 말리는 것이고,
다른 하나는 작은 꽃잎을 떼어 책갈피에 넣고
눌러두는 것이다. 어느 쪽이든 다 좋다.
시든 꽃을 뽑아 한 송이씩 늘어놓다 보면
내 마음도 그렇게 시들해진 것
아닐까 싶어 서글퍼지다가도
물기 날려 가벼워진 것을 보면 기분이 좋다.
그렇게 내 마음도 가벼워지면 좋겠다.

재료 꽃잎, 두툼한 책, 흰 종이

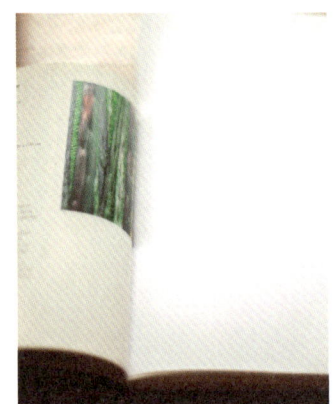

1   두툼한 책의 책갈피에 흰 종이를 한 장 깐다. …▶

2   종이 위에 꽃을 얹는다. …▶▶

3   꽃잎 위에 흰 종이를 한 장 더 올리고
    책을 덮어 책장에 꽂아둔다.

tip
책갈피에 꽃잎을 놓고
그냥 책을 덮으면
책이 상할 수 있으니
반드시 흰 종이를 사용한다.

How to 13.0

화분에서 찾은 봄기운
깨진 찻잔으로 만든 미니 화분

이 나간 접시며 찻잔이 제법 많아졌다.
특히 집에서 귀한 대접을 받던 것이 파손되면
아까워 잘 버리지도 못했는데
도자기에 구멍을 낼 수 있다고 하니 용기가 났다.
구멍 낸 찻잔에 장미 허브를 옮겨 심고 창가에 놓으니
3월, 아직 쌀쌀한 날씨에도 봄기운이 가득하다.

재료 깨진 찻잔, 테이프, 못, 망치, 신문지, 키친타월, 투명 매니큐어

1 찻잔을 물에 몇 시간 담가둔다.
2 물에 적신 신문지를 컵에 채워 넣고 구멍 낼 자리에 테이프를 붙인다.
3 바닥에 젖은 키친타월을 깔고 컵을 엎어놓은 후 힘을 조절해가며
   못을 박아 구멍을 만든다.
4 찻잔에 이가 나간 부분에 투명 매니큐어를 바른다.

tip 못 박을 자리에 테이프를 붙이면 못이 미끄러지는 것을 막고,
     구멍 주변이 깨질 위험도 덜하다.

How to 14.0

세상에 하나뿐인
컵 받침

아이가 만 네 살 때였다. 포스트잇에 우리 가족이라며 그림을 그려 내 재봉틀에 붙여놓았다.
요맘때 아이의 그림은 사랑스럽다. 세성 때 덜 묻어 예쁘고 귀한 그것을
오래도록 간직할 순 없을까 고민하다가 수를 놓아 컵 받침으로 만들었다.
어른은 절대 흉내 못 낼 아이의 순수한 그림을 하얀 천 위로 옮기고 아이가 좋아하는 파란색
실로 수를 놓았다. 조물조물 빨아서 널어둔 컵 받침을 보고 아이는 '엄마 최고'를 연발한다.
햇볕에 바싹 마른 컵 받침을 줄줄이 늘어놓으니 기분이 참 좋다.
"왜 엄마가 제일 커?"라고 물으니 "엄마가 제일 좋아서~"라던 녀석.
아들아, 앞으로도 예쁜 그림 많이 부탁해.

재료
아이가 그린 그림, 무늬 없는 천,
연필(또는 지워지는 펜),
십자수 실, 바늘, 재봉실, 가위

1

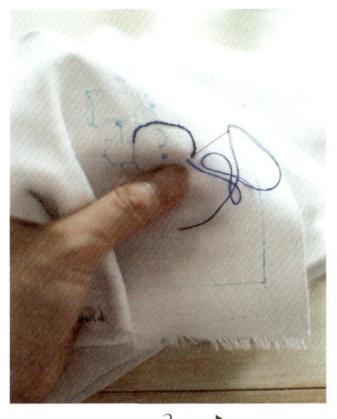

2 ⋯▶

3

4 ⋯▶

1   아이가 그린 그림을 밝은 유리창에 붙이고 그 위에 천을 올려
    밑그림을 옮겨 그린다. 천 2장을 겹쳐놓고 컵 받침 크기에 맞춰
    사방 시접을 더해 자른다.
2   그림 그린 천에 선을 따라 색실로 수놓고 아이의 이름도 새겨 넣는다.
3   2장을 겉면끼리 마주 댄 뒤 창구멍을 남기고 사방을 박음질한다.
4   창구멍으로 뒤집은 뒤 시접을 접어 넣고 공그르기한다.
    가장자리를 다시 한 번 박음질해 튼튼하게 만든다.

How to 15.0

아이와 함께 만드는
공룡 인형

긴 겨울방학이 끝나기 전날
아이는 특별한 하루를 보내고 싶어 했다.
"션아, 우리 공룡 인형 만들까?"
느닷없는 제안에 아이는 환호하며 반색을
했고 우리는 작정하고 일을 벌였다.
결과에 만족하는 아이를 보며
내가 더 행복했던 시간.
이리 봐도 저리 봐도 신통방통한
공룡 인형은 그야말로 싱크로율 100%다.
함께 만든 인형을 아이는
그날 밤 가슴에 꼭 안고 잠들었다

재료
아이가 그린 공룡 그림, 무늬 없는 천, 연필(또는 지워지는 펜), 방울 솜,
실과 바늘, 핀, 가위, 네임 펜(또는 패브릭 펜)

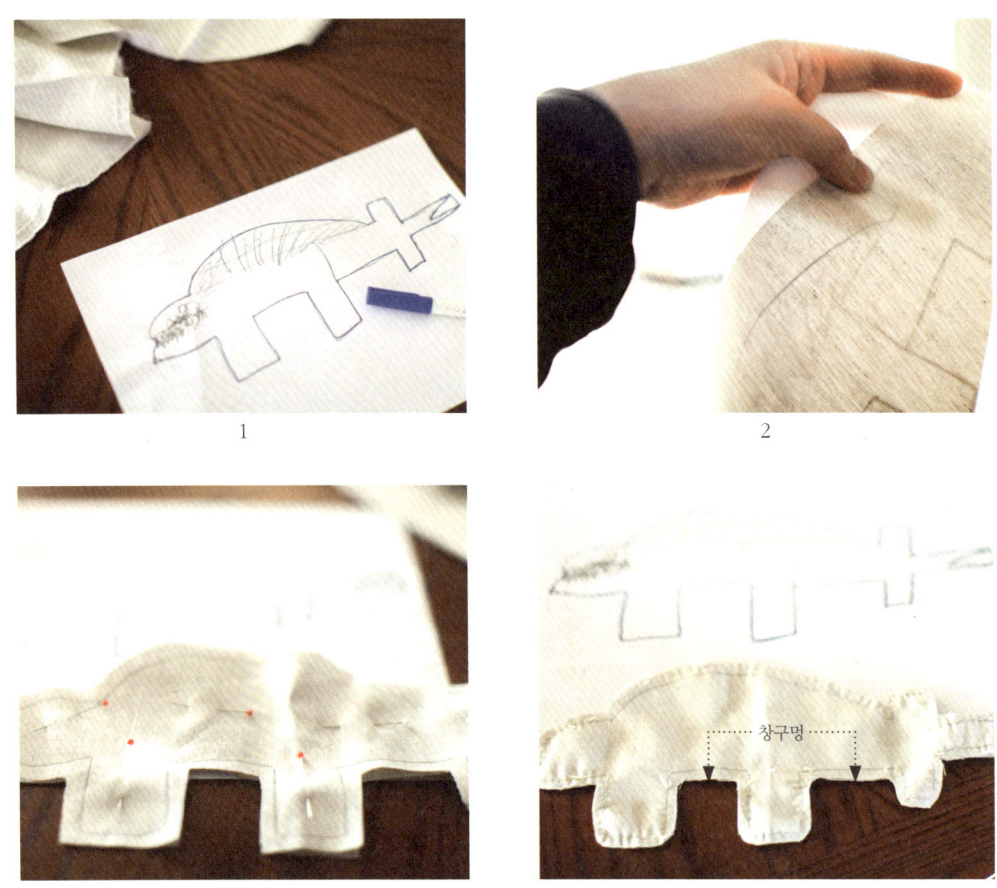

1 아이가 쓱쓱 그린 공룡 그림 위에 네임 펜으로 선명하게 아우트라인을 그린다.
2 그림을 유리창에 대고 그 위에 천을 올려 밑그림을 옮겨 그린다.
3 그림 그린 천을 두 겹으로 겹쳐 핀으로 고정한 뒤 시접을 남기고 오린다.
4 몸통 아랫부분에 창구멍 두 곳을 남기고 홈질해 뒤집는다.
5 아이 손을 빌려 창구멍으로 몽글몽글한 방울 솜을 밀어 넣는다.
6 솜을 완전히 채우지 않은 상태에서 공룡 볏 부분을 누빈다.
7 솜을 더 단단히 채우고 창구멍을 공그르기로 막는다.
8 아이가 펜으로 공룡의 눈과 입, 볏 부분을 그린다.

5

6

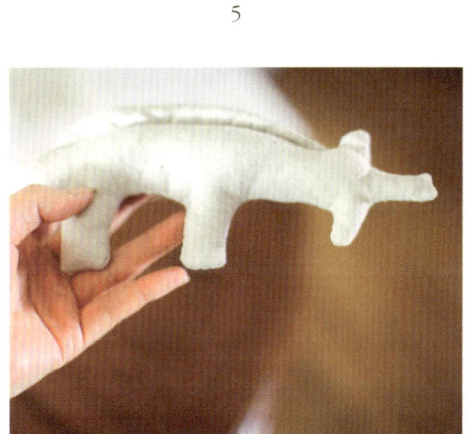

7

8

#04   매일매일 셀프 인테리어

나는 뭐 하는 여 자 일까?   나는 뭐 하 는   사 람 일 까?

아이는 날마다 정신없이 어지르고 살림은 늘 애써도 티 안 나는 것.
그런데 잠시 손 놓으면 또 너무 티 나는 것이 살림이다.

서너 달에 한 번 정수기를 점검하러 오는 아주머니는
올 때마다 내 살림이 깔끔하다며 칭찬을 한다.
하지만 내 눈에는 언제나 어지럽고 지저분해 보이는 집이니
나의 정리 강박은 살아온 시간만큼 불어난 살림 때문에
이미 고민을 넘어 스트레스 수준이다.

가끔씩 책을 뒤적이다 보면 군더더기 없이 말끔한 거실이나
가볍고 여유로운 작업실을 발견하곤 하는데, 도대체 그런 집에 사는
사람은 어떤 정리 비법이 있는지 궁금해 죽을 지경이다.

집이 더 단순해졌으면 좋겠다. 버리고 정리하고 거슬리는 것 없이
깔끔해졌으면 좋겠다. 포근한 집은 좋지만 구석구석 요란하게 치장한
집은 내가 바라는 공간이 아니다. 어쩌면 취향이 변한 게 아니라 나이를
먹은 것인지 모른다.

스스로 고치면서 살기

화려하게 꾸미고 살기엔 지갑도 얄팍하고, 꾸미는 인테리어는
취향에도 맞지 않아 최대한 단순하게 하고 산다. 그런데도 시간에 쓸려
집은 낡아 삐걱거리고, 큰맘 먹고 바꿔볼까 싶어도
비용 때문에 엄두가 안 나는 것이 현실. 그래서 진짜 내가 원하는 대로
천천히 칠하고 손보며 쓸모 있게 고쳐나가기로 결심했다.

집의 아픈 구석을 따뜻하게 감싸는 방법

십 년 전 이 집으로 이사 올 무렵, 학교와 작업실 일로
여유롭지 못했다. 인테리어업체에 온전히 믿고 맡길 수밖에 없었다.
불행히도 얼마나 하자가 많은 공사였던지 그 일로
가끔씩 절망하고 후회와 미련에 화가 나기도 했다.
베란다를 확장한 방과 안방 외벽, 앞 베란다 창고와 부엌 수납장은
결로가 심해 찬 바람이 불면 벽에서 물이 줄줄 흘렀고 곰팡이가
기승을 부렸다. 그에 비하면 타일에 금이 간 주방 벽이나
누렇게 바래고 여기저기 말썽인 싱크대는 비교적 가벼운 문제였다.
방 하나는 이사 온 직후부터 곰팡이가 심해 아예 창고처럼 문을 꼭
닫아놓고 살았다. 하지만 아이가 태어나자 그런 방이라도 절실해졌다.
업체에 맡기면 비용이 만만치 않아 이런저런 궁리 끝에
셀프 페인팅을 해보기로 했다. 결과를 장담할 수 없는 데다
혼자 해야 하니 한 번에 끝낼 수 없는 일. 내 손으로 해보겠다고
큰소리쳤지만 사실 겁이 나는 일이었다.
페인트를 다루기도 쉽지 않지만 살고 있는 집에
페인트칠을 하는 데 가장 큰 걸림돌은 살림살이.
짐을 옮겨 빈 벽에 젯소와 페인트를 바르고, 마르면 가구와 물건을
다시 제자리로 옮겨놓기를 반복해야 했다. 수차례 반복하다 보니
기운은 바닥이 났고, 이런 내 모습에 주변 사람들은
왜 그렇게 힘든 일을 사서 하느냐고 했다. 하지만 우리 집의
셀프 페인팅은 예쁘게 치장하기 위한 것이 아니다.
해결이 절실한 문제에 직면한 최선의 몸부림.
그러니 용기를 낼 수밖에.

페 인 팅 이   답이다

셀프 페인팅

벽에 생긴 곰팡이 흔적을 지우기 위해 시작한
셀프 페인팅이 아이 방에서 침실,
거실과 주방, 작업실까지 이어지는 사이
집 안에 따스한 기운을 불러왔다.
처음엔 엄두가 안 나고 힘들었지만
어렵게 한번 완성을 하고 나니
요령이 생기고 욕심도 났다.
생활하고 있는 집이라 집 안 모든 곳을
한 번에 칠할 수는 없었다.
몇 년에 걸쳐 차근차근 모든 방의 벽지와
문을 칠하게 되었고 결국 이런저런
가구까지 새로운 색을 입히는 재미를 누렸다.
페인트는 색상이 무궁무진 다양해서
선택의 폭이 넓은 것이 가장 큰 매력이다.
원하는 색이 없으면 심지어 섞어서
만들어 쓸 수도 있으니 불가능한 색은 없어 보인다.
그렇게 자유롭게 좋아하는 색을 골라 칠하다 보니
어느덧 비슷한 듯 다른 색들이 어우러져
가족의 취향을 고스란히 담게 되었다.

How to **16.0**

실내 벽

거실, 주방, 침실 등 각 공간의 실내 벽 페인팅은
페인팅 인테리어의 기본이다. 이 부분의 진행 과정과
노하우만 익히면 다른 어떤 공간도 응용이 쉽다.

1 **청소와 보수** 구석구석 먼지를 털고 불필요한
못을 뺀다. 못 뺀 자리는 우드 필러로 메운다.
꼼꼼히 채우고 깨끗이 긁어낸 다음,
마르면 사포로 매끈하게 마무리한다.
벽지가 뜬 곳도 체크해 목공 본드와 다용도
접착제로 꼼꼼히 붙인다.

2 **커버링** 몰딩에는 마스킹 테이프를 붙이고
스위치 커버와 콘센트는 커버를 벗긴 후 커버링한다.
바닥에는 비닐 폭이 넓은 커버링 테이프를 붙인다.
이렇게 하면 페인트가 바닥에 튈 염려가 없고,
페인팅 도구를 올려놓고 칠할 수 있어 편리하다.

3 **젯소(프라이머) 바르기** 단순히 색을 바꾸기 위한
페인팅이라면 젯소를 바르지 않아도 된다.
하지만 기존 벽지의 색이 진하거나 무늬가 화려하다면
젯소를 발라 새로운 색의 발색을 돕는 것이 좋다.

4 **페인팅** 먼저 붓으로 모서리와 좁은 틈을 칠한 후 넓은 면은 롤러로 칠한다.
어려운 부분부터 시작해 쉬운 부분으로 마무리하는 것이 편하다.
페인팅은 보통 바르고 말리기를 2~3회 반복해야 하는데 잠시 멈출 때는 반드시
붓이나 롤러, 트레이를 비닐로 밀봉해둬야 굳지 않는다.

5 **커버링 제거** 마지막 페인팅이 완전히 마르기 전 커버링한 마스킹 테이프를 떼어낸다.
너무 늦게 떼어내면 페인트가 함께 벗겨질 수도 있다. 커버링을 제거한 뒤
스위치와 콘센트 커버를 다시 씌운다.

6 **마무리 청소와 환기** 짐을 제자리로 옮기기 전 충분히 말리고 환기한다.
아무리 친환경 페인트라 해도 냄새가 없는 것은 아니므로 아이가 있는 집이라면
특히 신경 써야 하는 것이 환기다.

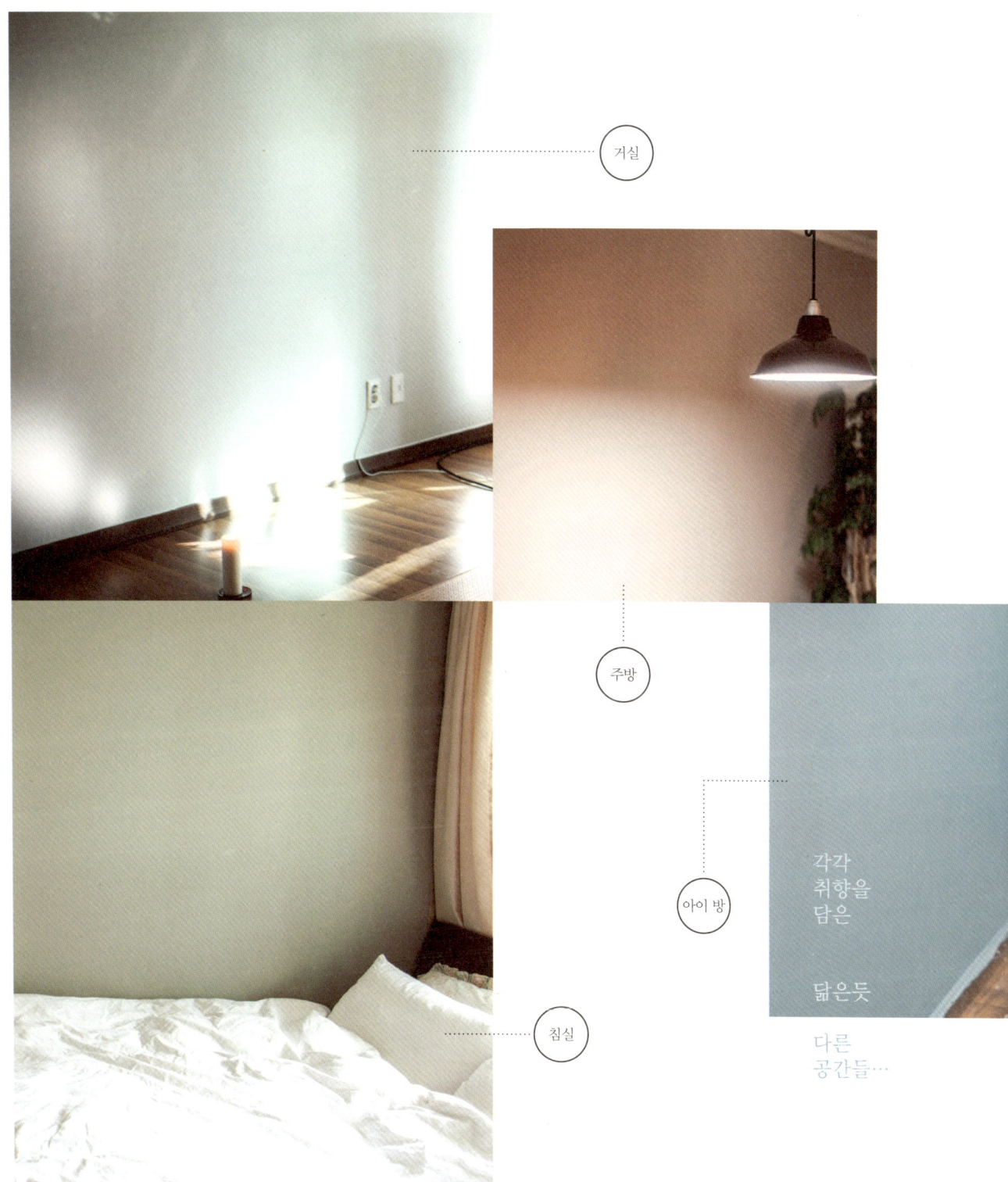

거실

주방

아이 방

침실

각각
취향을
담은

닮은듯

다른
공간들…

벽지가 찢어졌다면?
단순히 틈이 생긴 정도는 목공용 본드로 해결할 수 있다.
하지만 찢어져 빈 공간이 있다면 여분의 벽지로 공간을 메우거나, 한지에 목공용 본드를 넉넉히
발라 붙인다. 얇은 종이를 붙일수록 페인트를 칠한 후 경계 면 표시가 적게 나서 좋다

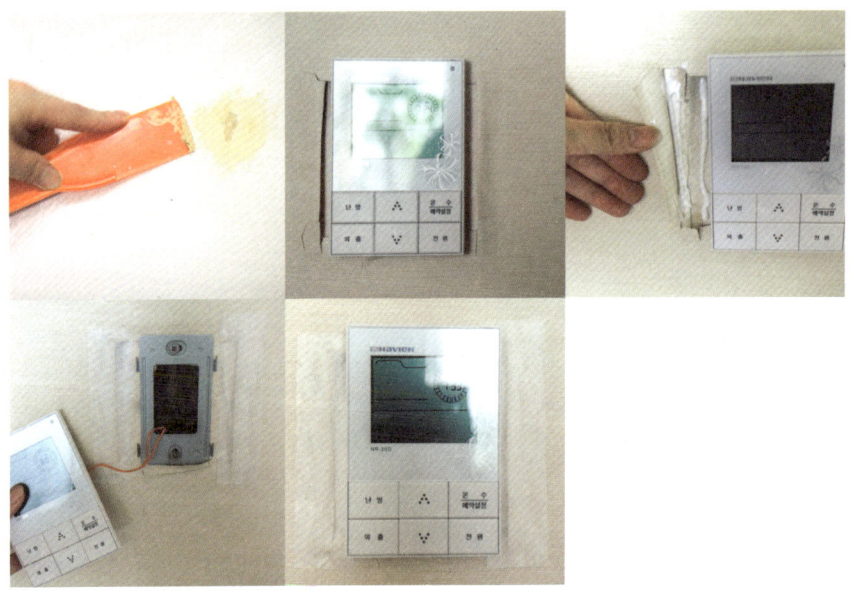

곰팡이 생긴 벽에 페인팅할 때

일단 벽을 청소할 때 곰팡이를 말끔히 제거해야 한다. 락스나 곰팡이 제거제로
벽지 안쪽 곰팡이까지 깨끗이 닦아내야 페인팅한 후에도 곰팡이가 재발하지 않는다.
곰팡이가 심한 경우에는 벽지를 뜯어내고 다시 벽지를 바른 다음 페인팅해야 한다.
벽체에 페인팅을 하면 그 벽에는 다시 도배하기가 어려우니 주의해야 한다.
경험상 페인팅 전 곰팡이 방지 기능이 있는 젯소로 두 번 정도 밑작업을 하면 도움이 된다.

바닥에 묻은 수성페인트를 제거하려면?

페인트가 완전히 굳기를 기다려 그 위에 마스킹 테이프를 문질러 붙였다가 떼어내면 쉽게 제거된다.
그래도 남은 자국은 자의 날카로운 끝으로 긁어낸다. 옅은 얼룩은 매직 블록으로 살살 문질러 닦아내면
깨끗해진다.

How to 17.0

바깥 벽

베란다 벽은 일반 수성페인트가 아닌
콘크리트용 방수 페인트를 칠하는 것이 포인트.
그래야 결로가 발생하지 않는다.

1 군데군데 벗겨진 페인트를 깔끔히 긁어내고 곰팡이도 제거한다.
2 창틀, 바닥, 문, 조명 등을 커버링 테이프로 가린다.
3 벽에 콘크리트용 방수 페인트를 칠하고 말리기를 2회 반복한다.
4 커버링을 제거하고 충분히 환기하여 건조시킨다.

tip 베란다 벽에는 젯소와 수성페인트 대신 콘크리트용 방수 페인트인 덤프록을
사용했더니 결로가 사라졌다. 색을 입히려면 그 위에 수성페인트를 덧칠해도 되지만
덤프록 자체로도 밝은색을 조색해서 주문할 수 있다. 페인팅 후에는
베란다 창문을 조금 열어두고 지속적으로 환기시키면 결로 방지에 도움이 된다.

How to 18.0

문

청소부터 시작해 키버링, 젯소를 바르고 페인트칠하는 기본 과정은 벽과 동일하다. 다른 점이라면 손잡이를 제거하고 가구용 수성페인트를 칠하는 정도. 이참에 손잡이까지 바꾼다면 금상첨화. 분위기가 확실하게 달라진다.

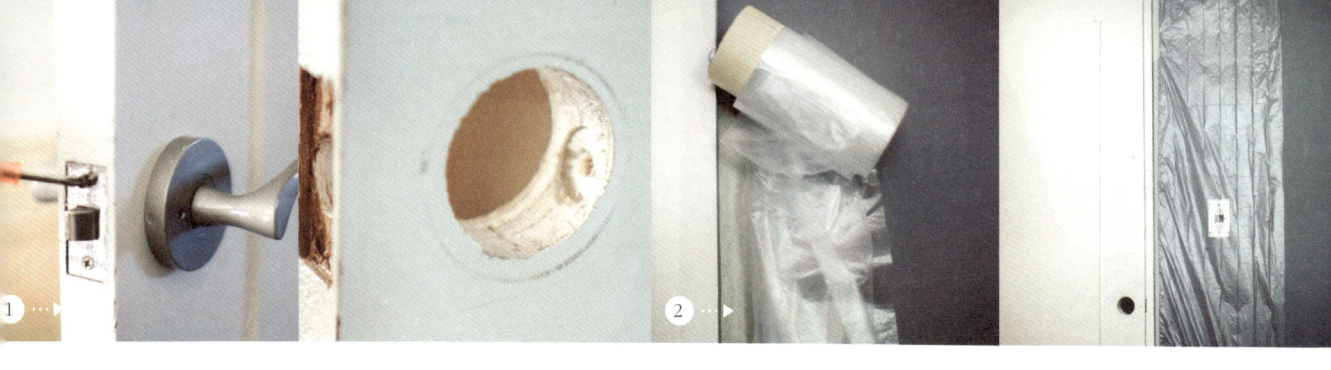

1 문의 먼지를 닦고 손잡이를 제거한다.
2 페인트가 묻지 않아야 할 주변은 마스킹 테이프와 커버링 테이프를 붙인다.
3 시트지로 시공한 문은 젯소를 두 번 바르고, 페인트칠한 문은 벗겨진 부분의
   경계 면을 사포로 문질러 표면을 정리한다.
4 방문은 가구용 수성페인트로 칠한다. 먼저 작은 붓으로 모서리와 좁은 틈을 칠한 뒤
   나머지는 가구용 롤러로 칠한다. 그렇게 칠하고 말리기를 3회 정도 반복한다.
5 페인팅이 끝나면 주변의 커버링 테이프를 제거하고 충분히 건조시킨다.
6 새로운 손잡이로 교체하거나 기존 손잡이를 다시 제자리에 단다.

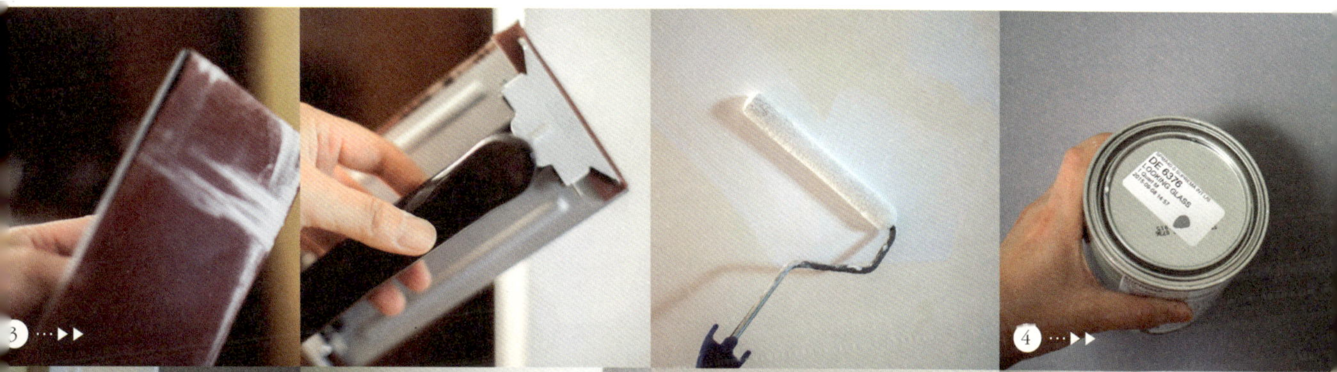

tip
방문이 아닌 현관문일 경우
마지막에 무광 바니시를 덧발라
표면을 강화시키면 더욱 좋다.

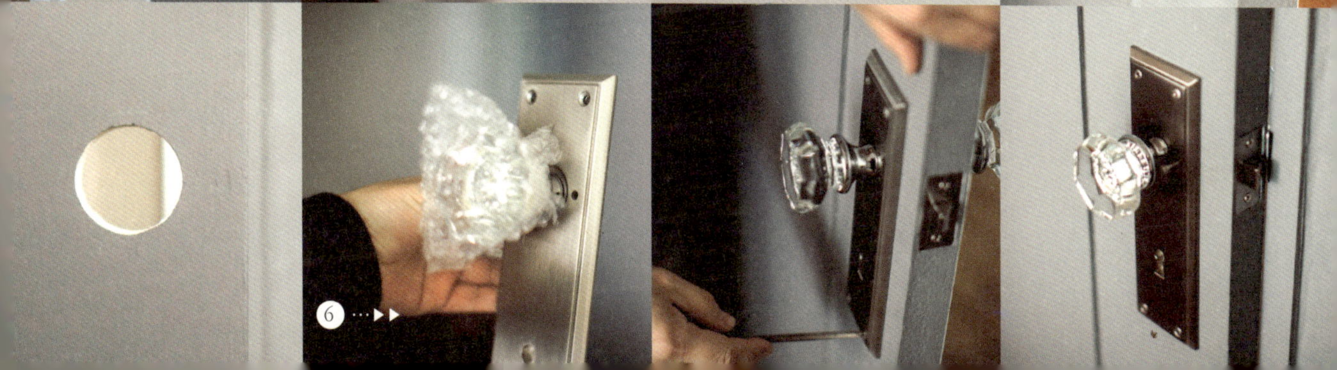

How to **19.0**

주방 가구

문짝과 손잡이를 모두 분리한 뒤 페인팅하는 것이 가장 편리하고 안전하다. 여의치 않다면 페인트가 묻지 않아야 하는 부분을 꼼꼼하게 가리고 칠해야 만족스러운 결과를 얻을 수 있다.

1   먼지와 얼룩을 제거하고 싱크대
    손잡이를 분리한다. 떼어내기 어렵다면
    마스킹 테이프와 커버링 테이프로 가린다.
    문짝도 떼어내서 칠하면 더 깔끔하지만
    그대로 두고 커버링한 뒤 칠해도 된다.
2   싱크대 주변도 꼼꼼하게 커버링한다.
3   젯소를 칠하고 말리기를 2회 반복한다.
4   가구용 수성페인트로 모서리와 좁은 틈을
    작은 붓을 이용해 칠한 뒤 가구용 롤러로
    전체를 칠한다.
5   방문과 마찬가지로 칠하고 말리기를
    3회 반복한 뒤 커버링 테이프를 제거한다.

tip 가구용 페인트를 칠하면 바니시를
    덧바르지 않아도 물에 번지지 않으며
    물걸레질도 가능하다.
    단, 마찰이 잦은 테이블 상판의 경우
    바니시 처리를 하면 긁힐 위험이 적다.

how to **20.0**

창틀

쉽게 엄두가 안 나는 곳이지만
지저분한 실리콘을 정리하고 커버링만 잘하면
작은 노력으로 공간의 분위기를 살릴 수
있는 것이 창틀 페인팅이다.

1 커다란 창문은 어쩔 수 없지만 작은 유리창이라면 떼어내 깨끗이 닦는다.
2 실리콘 자국이 지저분하면 커터 칼로 실리콘 가장자리에 직선을 그은 뒤
  살살 긁어내 말끔하게 제거한다.
3 창틀 주변에 마스킹 테이프와 커버링 테이프를 붙인다.
4 시트지를 붙인 창틀에는 젯소를 두 번 바르고, 기존에 페인트가 칠해진 창틀이라면
  사포로 문질러 표면을 정리한다.
5 가구용 수성페인트를 붓으로 꼼꼼하게 칠한다. 칠하고 말리기를 2회 이상 반복하다.
6 페인팅이 끝나면 커버링 테이프를 제거하고 충분히 건조시켜 제자리에 단다.

tip 창문을 여닫을 때 바닥과 닿는 아래쪽 면은 칠하지 않는다.

셀프 페인팅에 필요한 도구

페인트 수성페인트와 유성페인트가 있다. 실내에는 수성페인트를 사용하는 것이 몸에 덜 해롭다고 한다. 취향에 따라 광도를 선택할 수 있고 벽지용과 가구용이 구분되어 있는 경우가 많다

젯소(프라이머) 유리나 플라스틱, 시트지처럼 페인트가 잘 발리지 않는 표면에 먼저 발라 접착력을 높일 때 사용한다. 유해 물질을 차단하고 곰팡이나 세균 증식을 막는 기능도 한다. 또한 어두운색 위에 밝은색 페인트를 칠하기 전에 젯소를 바르면 발색에 도움이 된다. 가능한 한 얇게 두어 번 바르는 것이 좋다.

트레이 페인트를 덜어서 사용하는 플라스틱 통. 비닐을 씌워서 사용하면 다음에 다시 사용할 때 편리하다.

실링에디저 모서리를 쉽게 칠할 수 있어 편리하다. 롤러와 마찬가지로 영구 사용은 어려우므로 리필용 패드를 함께 구입하는 게 좋다.

핸드 믹서 바로 주문한 페인트라도 사용하기 전에 밑바닥까지 한 차례 잘 젓는다. 오래 보관한 페인트라면 베이스와 색소가 분리되어 있으므로 핸드 믹서로 충분히 저어 사용한다.

사포 가구를 페인팅하기 전에 사포로 나무 표면을 매끄럽게 정리해 페인트가 잘 발리도록 한다.

우리 집에 사용한 페인트의 색상과 종류

[**아이 방**] 던 에드워드 슈프리마(flat) DE 5801 silver skate [**침실**] 던 에드워드 슈프리마(flat) DE6221 flintstone [**작업실**] **밝은색 벽**/ 던 에드워드 슈프리마(flat) DE 6373 porpoise **어두운색 벽**/ 던 에드워드 슈프리마(flat) DE 6376 looking glass **방문**/ 던 에드워드 슈프리마(low sheen) DE 6376 looking glass **수납장**/ 던 에드워드 슈프리마(low sheen) DEW 346 SWAN WHITE + DE 6376 looking glass [**거실**] **벽**/ 던 에드워드 슈프리마(velvet) DE 6227 muslin **몰딩과 방문**/ 던 에드워드 슈프리마(low sheen) DEW 345 white fever [**주방**] **벽과 붙박이장**/ 던 에드워드 슈프리마(velvet) DEC 752 birchwood **싱크대 상부장과 창틀**/ 던 에드워드 슈프리마(low sheen) DE6220 porous stone **싱크대 하부장**/ 던 에드워드 슈프리마(low sheen) DE184 Parisian night [**베란다**] **벽과 창고 내부** 콘크리트용 방수 페인트, 실크리트 덤프록 [**현관**] **문**/ 던 에드워드 칠판용 페인트(black) **벽**/ 던 에드워드 슈프리마(low sheen) DEW 345 white fever **신발장**/ 던 에드워드 슈프리마(low sheen) DEW 345 white fever [**젯소**] 던 에드워드 울트라그립

붓 좁은 모서리나 틈을 칠할 때 필요하다. 롤러로 넓은 면적을 칠하기 전에 붓으로 좁은 곳을 먼저 칠해두면 페인팅이 한결 수월하다. 사용한 붓은 바로 미지근한 물에 깨끗이 씻어 말리면 다시 쓸 수 있다.

롤러 롤러는 크기가 다양한데 칠하는 곳에 적당한 크기를 선택해야 페인트 낭비를 줄일 수 있다. 또 벽지, 가구, 문 등 칠하는 대상의 소재에 맞게 골라야 한다. 특히 엠보싱 무늬가 있는 벽지에는 롤러 커버가 두툼한 깃을 사용하는 것이 좋다.

바니시 페인트칠하고 나서 덧발라 코팅 처리할 때 사용한다. 보통 가구용 페인트는 따로 바니시를 바르지 않아도 되지만, 마찰이 잦을 경우 바니시를 바르면 표면 강도가 높아진다.

우드 필러 목재의 틈을 메우거나 벽에 난 못 자국을 보수할 때 유용하다. 표면에 페인팅도 가능하다.

마스킹 테이프 경계선을 칠할 때 사용한다. 보통 몰딩, 문틀 등에 붙여 칠이 번지거나 경계를 넘는 것을 방지한다.

커버링 테이프 바닥, 스위치, 문손잡이 등 페인트가 묻으면 안 되는 곳을 가릴 때 필요하다. 크기가 다양하므로 용도에 맞춰 구입한다.

셀프 페인팅에 대해		
	1	**페인팅을 하면 벽지 무늬도 가려지나요?** 엠보싱 있는 벽지에 페인팅을 하면 무늬가 그대로 남아요. 아무리 공들여 칠해도 색만 바뀔 뿐 표면의 질감을 바꾸거나 메우지는 못하지요. 벽에 상처가 있다면 필러나 퍼티로 밑작업을 한 뒤 페인팅하세요.
자주하는 질문	2	**페인팅한 벽은 어떻게 청소하나요?** 무광 페인트의 경우는 먼지를 털어내는 정도의 가벼운 청소만 가능하지만 유광 페인트를 칠했다면 물걸레질도 할 수 있어요.
	3	**시간이 지나 페인팅이 벗겨지진 않나요?** 페인팅은 강한 마찰에 의해 긁히고 벗겨져요. 광도가 낮을수록 긁힘이 심하다고도 하는데, 경험해보니 어떤 페인트라도 벗겨지는 정도가 비슷해 벗겨진 부분에 덧칠해야 하는 것은 마찬가지예요. 남은 페인트를 밀폐 용기에 담아 보관해두었다가 필요할 때마다 작은 붓을 이용해 보수하세요.
	4	**페인트 색은 어떻게 골라야 하나요?** 같은 페인트를 써도 채광, 넓이, 주변의 가구 색에 따라 밝기나 색이 다르게 느껴질 수 있어요. 따라서 다른 집 사진을 보고 고르기보다 페인트 전문점을 방문해 직접 컬러 칩을 보고 의논하는 것이 가장 좋아요.

5   정말 혼자서도 페인팅이 가능한가요?
        시간 여유만 있다면 혼자서도 충분히 할 수
        있어요. 시작은 어렵지만 하다 보면 요령이 생겨
        다른 곳도 계속 손대고 싶어져요.

6   페인팅하기 좋은 시기가 있나요?
        살고 있는 집이라면 봄가을이 좋아요.
        여름은 너무 습하고 겨울은 추워서 건조와
        환기가 수월하지 않으니까요.
        봄과 가을 중에서는 가을이 더 좋아요.
        적당히 건조하고 볕이 좋은 데다
        황사 걱정 없이 충분히 환기시킬 수 있으니까요.

7   페인트 냄새는 어떻게 제거하나요?
        친환경 페인트라 해도 냄새가 전혀 없진 않아요.
        그래서 충분히 잘 환기시켜야 해요.
        저는 창문을 열어둔 채로 향초를 사용해요.
        되도록이면 파라핀 양초보다 천연 왁스와
        아로마 오일로 만든 캔들을 사용하세요.

tip   사용하고
       남은
       페인트 보관법

쓰고 남은 페인트는 깨끗하고 밀봉이
가능한 통에 덜어 보관한다.
아무리 적은 양이라도 나중에 벗겨진
곳이 생겼을 때 다시 사용할 수 있으니
보관해두는 것이 좋다.
밀봉이 완벽하지 않으면 시간이 지나면서
페인트가 굳거나 변질될 수 있으니
중간 캡이 있는 용기를 사용한다.
페인트의 종류와 색상, 번호, 제조 일자,
사용처 등을 적어 라벨링한다.
박스에 세워 보관할 경우 용기 뚜껑에
페인트를 살짝 묻혀놓으면 다음번에
사용할 때 쉽게 찾을 수 있다.

개운하다!

손 닿아야 뿜어내는　　사 람　냄 새．

　　　소박해도 부러울 것 없는 공간．　　사 람 이　　주 인 인　　　집

#05

낡은 집 매만지기

01

02

03

04

05

```
           S  M  T  W  T  F  S
                          1  2
           3  4  5  6  7  8  9
           10 11 12 13 14 15 16
   07      17 18 19 20 21 22 23
           24 25 26 27 28 29 30
           31
```

```
       06
   S  M  T  W  T  F  S
               1  2  3  4
   5  6  7  8  9  10 11
   12 13 14 15 16 17 18
   19 20 21 22 23 24 25
   26 27 28 29 30
```

```
                            S  M  T  W  T  F  S
                                  1  2  3  4  5  6
                            7  8  9  10 11 12 13
                    08      14 15 16 17 18 19 20
                            21 22 23 24 25 26 27
                            28 29 30 31
```

  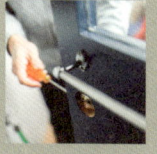 

```
       09
   S  M  T  W  T  F  S
                  1  2  3
   4  5  6  7  8  9  10
   11 12 13 14 15 16 17
   18 19 20 21 22 23 24
   25 26 27 28 29 30
```

```
              10
          S  M  T  W  T  F  S
                              1
          2  3  4  5  6  7  8
          9  10 11 12 13 14 15
          16 17 18 19 20 21 22
          23 24 25 26 27 28 29
          30 31
```

 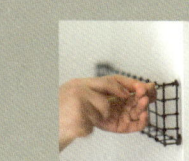 

```
                                S  M  T  W  T  F  S
                                            1  2  3
                                4  5  6  7  8  9  10
                          12    11 12 13 14 15 16 17
                                18 19 20 21 22 23 24
                                25 26 27 28 29 30 31
```

```
         11
      S  M  T  W  T  F  S
                  1  2  3
      4  5  6  7  8  9  10 (?)
      6  7  8  9  10 11 12
      13 14 15 16 17 18 19
      20 21 22 23 24 25 26
      27 28 29 30
```

시 작 은   아이 방이었다.

애초 서재로 쓰던 공간이었으나
베란다 확장 공사를 잘못하는 바람에
결로와 곰팡이가 심해져
방이 아니라 창고가 돼버린 곳.

거기에 페인트를 칠하고
아이 방을 만들어주자는
작은 바람으로 시작했는데

어느 덧 집 전체를 매만지는 일이
일상이 되었다.

매번 힘들어서 다시는 못하겠다고
손사래를 치면서도 한 부분 끝내고 나면
나도 모르게 '또 어디를 고쳐볼까' 하며
기꺼운 마음으로 둘러보게 되는 것은
곧바로 변화된 집 안 분위기 때문이다.
손이 닿을수록 말끔하고 쓸모 있어지는 데다
사람의 온기가 느껴지는 것을 보면서
몸이 힘든 것은 금세 잊는다.
물론 인테리어 책에 나오는 근사한 집들에 비하면
보잘것없다는 것도 잘 안다.
그럼에도 내 손으로 소박하게 꾸미며 살아가는 집을
예찬하는 이유는 　　　'사 람 냄 새'　　　 때문이다.
가구나 살림살이에 의한 집이 아니라
사람에 의한 집, 사람이 주인인 공간일 때
집도 사람처럼 숨을 쉬고 자유롭게
감정을 공유한다는 것을 알게 되었다.
이곳저곳 손보면서 집 역시 정성을 들인 만큼
살 만해진다는 것을, 일이라고 생각하면 피곤하지만
놀잇감이라고 생각하면 활력이 되고 희망이 된다는 것을,
앞으로도 집 안 공사가 계속되리라는 것을 확인했다.
집은 내게 가장 가치 있고 의미 있는 공간이다.
가족의 지난 시간이 오롯이 담겨 있고 헌것과 새것이
사이좋게 공존하며 사람과 같이 나이 먹어가는 집을 매만지는 일.

　　　　　　　이제 그 일은 내가 꾸려야 할 가장 큰 　　 살 림 살 이 다.

아 이 방

서재 반 공부방 반 반 쪽 짜 리 공간

아이 방은　반 쪽 짜 리　　공간이다.
내가 방 하나를 작업실로 차지해버리는 바람에
어쩔 수 없이 침실도 함께, 서재와 공부방도 함께 나눠 쓰고 있다.
언제든 아이가 부모 곁에서 떨어지길 원할 때
침대를 옮겨주고 방도 독립시키겠다고 마음먹고 있지만
이렇게 공간을 함께 써서 좋은 점도 있다.

아이나 부모나　각자,　또 함께　시간 보내는 것에　익 숙 해 진 다 는 　점.
부족한 공간 덕분에 서로 공존하는 법을 자연스럽게 배워간다.

·····> **벽을 칠하다**
　　　처음엔 혼자 힘으로 심각한 결로 문제를 해결할 수 있을까
　　　의심스러웠다. 전문 업체에 맡기자니 비용 부담이 커서
　　　오랜 궁리 끝에 시작한 셀프 페인팅이었는데
　　　벌써 4년을 변함없이 보송보송하게 잘 유지하고 있으니
　　　지금 생각해도 참 잘한 일이다. 부족함이 많지만
　　　엄마 손으로 쾌적하게 만든 것 같아 기쁨이 크다.

아이 방 벽은 집중력에 도움이 되는 푸른색으로 칠했다. 차분한 톤이라
흰색 톤의 가구와도 잘 어울린다. 되도록 여러 색을 쓰지 않으려고 애썼다.
아이 물건 자체에 색이 많고 화려하니 흰색, 회색, 검은색 같은 무채색 위주로
컬러를 정리하여 차분하게 만들어주고 싶었다.

····> **책상을 들이다**
거실에서 쓰던 오래된 테이블과 주방에서 쓰던 아이용 의자를 반쪽짜리 아이 방으로 들여
어른 책상 옆에 나란히 붙여놓았다. 위로는 종이 박스로 책꽂이를 만들어 책을 정리하고
벽에 철판을 달아 이것저것 필요한 것을 자석으로 붙여 한눈에 볼 수 있도록 했다.
최대한 단순하게 꾸미되 눈이 나쁜 아이를 위해 스탠드 선택에는 각별히 신경 썼다.

····> **아이 물건을 정리하다**
아이가 어렸을 때 들인 수납장은 오래 됐지만 여전히 튼튼하다. 그래서 색깔만 무채색으로
차분하게 바꾸고 그 속에 자질구레한 것들을 정돈했다. 아이 물건은 조금만 방심하면
금세 불어나기 때문에 한 달에 두어 번씩 아이와 함께 버리는 시간을 갖는다.

····> **취향을 담다**
수납장 위쪽으로 아이가 좋아하는 것을 놓아둘 수 있도록 했더니
만들어진 것이 레고 공간이다. 여러 개의 자동차와 그림 액자가
아이의 취향을 잘 말해주는 것 같아 더욱 사랑스럽다.

벽에 철판을 달아
이것저것 필요한 것을
자석으로 붙여
한눈에 볼 수 있도록
했다.

아이의 취향을 고려해 아이가 좋아하는
자동차와 레고를 놓아두었다.

오래된 테이블과 식탁에서 사용하던 아이용 의자를 이용해 꾸민 아이 방.

좁은 공간 활용을 위해
수납장 옆면에 작은 훅
두 개를 달아 가방과
신발주머니를 정리했다.

이케아에서 구입한
컬러풀한 반조립 옷걸이는
아이 방 분위기에
잘 어울린다.

tip

장난감과 학용품을 정리할 때

장난감은 소재와 놀이 방식으로 나누어 정리했다. 예를 들면 조립식 장난감, 인형, 미니카,
종이에 그리거나 만든 것 등 비슷한 형식으로 분류해 자리를 정해두면 아이와 엄마 모두 관리하기가 쉽다.
학용품 역시 종이접기책과 색종이, 악기, 펜 종류, 쓰지 않은 새 학용품,
사용 중인 자잘한 문구류 등으로 분류해 자리를 정해둔다. 필요한 물건을 찾아 쓰기도 쉽고
가끔 자리 이탈한 물건만 제자리로 돌려놓으면 정리가 잘 유지되어 편리하다.

학교생활 관련 기록을 보관할 때
아이가 1년 동안 받은 상장, 통지표, 일기장, 시험 노트 같은 것을 두껍지 않은 파일에 넣고 연도와 학년을 적어 보관한다. 해마다 이렇게 보관하면 아이의 학교생활이 차곡차곡 쌓이게 될 것이다. 되도록 보기 좋게 보관하고 싶어 같은 디자인의 얇은 파일을 미리 15권이나 준비해두었다.

책상 위 책을 정리할 때
아직 과목 수가 많지 않을뿐더러 책상 위에 많은 것이 있으면 집중이 어려울 것 같아 책꽂이는 간소하게 꾸렸다. 파일 박스를 몇 개 놓고 그 안에 각각 학교 교과서, 참고서와 문제집, 사용 중인 노트, 사용 전인 노트로 분류해 꽂아두었다.

옷 정리를 할 때
아이 옷은 세 칸짜리 서랍에 보관한다. 제일 위 칸에는 같은 크기의 상자를 여러 개 넣어두고 잠옷, 속옷 등으로 분류해 담고 남은 자투리 공간에는 양말을 일렬로 세워 넣는다. 나머지 칸에는 각각 상의와 하의를 수납한다. 너무 가득 넣지 않고 좀 여유를 두어 아이가 쉽게 꺼내 입을 수 있도록 했다.

침

실

가족 모두   편 히   쉬 는   곳

침실 가구는 신혼 때 장만한 것 그대로다.
오래된 침대와 옷장, 자그마한 서랍장,
그 위의 테이블 램프까지 모두 결혼할 때 마련한 것이다.
소파 삼아 거실에서 사용하던 데이베드는 매트리스만 교체해
어른 침대 옆에 나란히 두고 아이 침대로 사용한다.
단출하지만 쉽고 편히 잠자기에 불편하지 않은 공간이다.

    익숙한 것이 몸과 마음에 편 안 함 을 불러온다.

····> **벽을 페인팅하다**

아이 방에 이어 두 번째로 페인팅한 곳이 침실이다.
쿰쿰한 곰팡이 냄새를 따라가다 옷장을 들어내고 보니
벽에 흐르는 물기로부터 시작된 곰팡이가 옷장까지 번져 있었다.
단순히 벽 색깔을 바꾸는 것이 아니라 보수 공사에 가까웠다.
벽뿐 아니라 가구 뒷면까지 곰팡이를 제거하고 젯소를 바른 뒤
장 안에 티라이트를 넣어 충분히 말렸다.
그 후로 꽤 긴 시간이 흘렀다. 다행히 결로의 징후는 자취를 감췄다.
벽은 올리브 그린이 살짝 가미된 회색에 가까운 컬러로 칠했다.
옷장도 흰색이고 흰색 침구를 주로 사용하기 때문에 벽은 좀 어둡고
차분한 색으로 하고 싶었다. 연둣빛이 살짝 감돌아 쾌적하고
편안한 느낌을 주며 흰색 격자창 뒤로 보이는 베란다의
초록빛 화초와도 잘 어우러진다.

곰팡이를 제거한 후 벽을 칠하고 여기지기 깨지고 상한 문과 고장 난 손잡이까지 바꿔 달아 방 안이 환해 보인다.

····> **낡은 문에 새 단장을 하다**
문틀은 오랜 세월 청소기가 오가며 생긴 여기저기 깨지고 상한 데가 있었고 손잡이도 이미 고장 나 있었다. 유난히 상처가 많은 문. 본래 유성페인트가 칠해져 있었는데 그 위에 크림색 수성페인트를 덧입혔다. 거실로 난 문과 방에 딸린 화장실 문까지 모두 칠하고 손잡이를 바꿔 달으니 침대까지 환해 보인다.

16년 된 옷장도 페인팅을 하다

옷장은 우리 집 터줏대감 같은 존재다. 2000년 여름 방배동의
한 가구 전시장에서 심사숙고 끝에 고른, 그 당시엔 제법 참신했던 물건이다.
체리도 월넛도 아닌 어정쩡한 색깔의 테두리가 마음에 들지 않았지만
17평 전셋집에 설치할 수 있는 이동식 붙박이장으로는 나름 최선의 선택이었다.
지금은 집 안에 대부분 드레스 룸이 따로 있지만 당시만 해도 옷장은
제일 중요한 혼수였다. 행어로 꾸린 드레스 룸보다 먼지가 덜 타서
아직까진 버릴 생각이 없다. 그저 보기 싫은 색만 감추면 좋겠다 싶어
결정한 것이 부분 페인팅. 테두리만 칠하면 되니 간단할 거라 생각했는데 오산이었다.
침대 사이 좁은 공간에 서서 하는 칠 작업이 결코 쉽지 않았다.
게다가 짙은 색을 말끔하게 하얀색으로 바꾸는 일이 또 얼마나 인내심을 요하던지.
매끈한 표면에 젯소를 네 차례 바르고 그 위에 페인트를 여섯 번이나 칠했다.
반나절이면 될 것 같았는데 하루가 지나 이틀, 결국 사흘이나 걸렸다.
하지만 집 안의 페인팅 작업 중 만족도가 가장 높은 부분이다.
달라진 테두리 색 하나로 가슴이 미어질 듯 좋았다.

옷장을 정리할 때

옷걸이를 걸어 사용하는 칸은 실내복과 외출복으로 나누어 계절에 맞는 두께의 상의를 색깔별로 구분해 걸어놓는다.
선반에는 바구니를 이용해 하의와 스카프 등을 넣어두고 서랍처럼 꺼내 쓰기 쉽게 정리한다.
여분의 이불은 압축 팩으로 부피를 줄여 보관하고 한쪽에 조그만 서랍장을 넣어 베개 커버만 따로 정리한다.
베개 커버는 자주 갈기 때문에 서랍에 보관해야 넣고 꺼내기 편리하다. 기성 방충제 대신 라벤더 티로 만든 천연 방충제를 사용하고 방충과 아로마, 두 가지 효과를 얻을 수 있는 왁스 태블릿도 만들어 함께 넣어두었다.

청결한 베개 관리를 원한다면

침구는 자주 못 갈아도
베개 커버는 자주자주 간다.
하지만 아무리 자주 갈아도
베개 속 커버가 지저분하면
불쾌한 냄새가 날 수 있어
지퍼 달린 방수 커버를 구입해
속 커버에 덧입혔다.
집 먼지 진드기가 서식하지
못한다고 알려진 소재인 데다
방수 재질이라 젖을 일이 없으므로
베개 안쪽으로 습기가 스며들지 않는다.
이렇게 이중으로 커버를 씌우고
속 커버는 어쩌다 한 번씩,
겉 커버는 자주 바꾸어 관리한다.
이렇게 하면 베개가 언제나 말끔하다.
베개를 오래도록 청결하게
사용하는 나만의 비법이다.

작 —— 업 —— 실

어 른 의   로 망

이 집으로 이사 오기 전에는 외부에 작업실이 있었다.
강의 준비도 하고 작품 활동도 하고, 일주일에 몇 번은 퀼트 워크숍을 열기도 한
28평의 제법 큼지막한 공간이었다. 그곳에서 사용하던 가구 등 용품이
집 안으로 들어오면서 수납공간 부족으로 폼실을 잃었고,
어렵사리 집 안에 마련한 작업실은 늘 답답하고 어수선했다.
그러다 보니 많은 사람들이 꿈꾸는 나만의 공간이 있음에도
그 고마움과 여유를 온전히 누리지 못했다. 꽤 오랜 시간 정리를 미루는 사이
작업실은 더 낡고 어질러져 다시 매만지는 내내 손이 비빴다.
벽과 방문, 수납장에 페인팅을 하고, 소가구를 만들고, 문손잡이와 조명을 바꾸고,
수많은 조각 천을 꺼내 흩어지고 섞인 색을 다시 분류하는 작업을 했다.
분주히 지내는 사이 여름을 지나 가을이 가고, 어느덧 겨울이 되었다.
단순하게 살고 싶었으나 세 평도 안 되는 길고 좁은 방에 꼭 챙겨야 할 물건이 많다 보니
정리를 마치고도 개운치 않았다. 하지만 최선이라면 최선인 공간.
특별히 예쁘거나 멋진 구석은 없어도 오롯이 나 혼자 고치고 만들어
구석구석 손 안 닿은 곳이 없는 나만의 작업실이다. 그곳에서 커피를 마시며
글을 쓰고 사진을 정리하고 바느질과 뜨개질을 한다.

그러니   이 공간에서만큼   나는 세상 누구보다   부 자 다.

⋯⋯> 낡은 수납장을 페인팅하다

낡은 수납장을 페인팅하는 것은 무척 힘든 일이었다. 물건이 많은 탓도 있고
좀 더 오랫동안 말끔히 사용하고 싶어 바니시까지 칠하다 보니 일이 더 늘었다.
크고 낡은 수납장에는 과거 퀼트 클래스를 운영하면서 미처 처분하지 못한 재고,
여행길에 사 모으고 오랫동안 수집한 천과 관련 서적, 그리고 온갖 자료가
빼곡히 들어 있었다. 이사 올 때 새로 짠 수납장은 늘 새것일 줄 알았는데
어느 날 물끄러미 바라보다 깜짝 놀랐다. 빛바램과 얼룩, 벗겨진 페인트에 상처까지
십 년 세월의 흔적이 고스란히 남아 있었다. 사람의 눈과 마음은 참 이상하다.
눈에 익으면 아무리 큰 흠집이라도 눈에 잘 띄지 않다가
한번 보이기 시작하면 그때부터는 걷잡을 수 없이 커 보여 참을 수가 없다.
고생 끝에 완성한 수납장 속에 정리된 DIY 재료를 보고 있자니 '저것들을 다 쓸 수 있을까'
고민스럽기도 하고 '평생 심심할 일 없겠네' 싶어 웃음이 나오기도 한다.

⋯⋯> 선반을 철거하고 벽을 칠하다

흉물스러운 벽의 선반이 참 오래도록 눈엣가시였다. 뜯어내야겠다고
마음먹은 후에는 얼마나 급히 해치웠던지 그동안 참아온 긴 시간이
믿기지 않을 정도였다. 선반을 고정한 못이 단단하게 박혀 있어 천을 대고
뽑았는데도 벽이 다 상해버렸다. 비록 벽이 파이고 벽지가 찢어졌지만
속은 후련했던 철거 작업이다. 상처가 남은 벽에는 은은한 회색 페인트를
칠하고 다른 쪽 벽과 방문에는 짙은 회색을 칠했다.
어둡지 않을까 걱정했는데 작업을 끝내고 나니 묵직한 회색 벽이
마음을 차분하게 만들어 더 마음에 든다. 그 벽에 물방울 모양의 검은색 훅을
하나 달아 쓸모와 포인트를 주는 것으로 벽 정리를 마쳤다.

⋯⋯> 에어컨과 재봉틀에 옷을 입히고 커튼을 달다

가장자리만 둘둘 말아 박은 심플한 천 한 장으로도 할 수 있는 게 참 많다.
페인팅으로 가릴 수 없는 유행 지난 붉은색 에어컨에 천 한 장 덮으니 그제야 마음이 가볍다.
먼지가 쌓이는 것도 막고 보기 싫은 색도 가릴 수 있어 그야말로 일석이조.
오래된 재봉틀은 빛바래고 낡았어도 내 눈엔 여전히 사랑스러운 애장품.
이것도 먼지 쌓여 좋을 것 없으니 옷을 만들어 입혔다.
여기에 주름 없이 심플한 커튼을 달고 나니 나만의 온기가 느껴지는 작업실 완성이다.

·····> **콘센트와 스위치 커버에 페인팅하다**
콘센트와 스위치 부분의 원하는 커버를 열심히 찾아다녔으나
결국 구하지 못하고 벽과 같은 컬러로 페인팅을 했다.
기존의 플라스틱 커버를 벗겨 젯소를 먼저 바른 뒤 그 위에 페인팅했다.
날카로운 충격이 가해지지 않도록 조금만 주의를 기울이면
페인트가 쉽게 벗겨지지 않는다.

·····> **소가구를 만들다**
누구에게나 그렇듯 작업실은 각자의 취향이 만들어낸 소산물로
늘 수납이 걱정거리다. 그렇다고 수납장으로 모든 면을 가리고 싶진 않았다.
안 그래도 좁고 물건 많은 방에 숨 쉴 수 있는 벽 하나쯤은 필요하지 않을까
싶은 생각에 낮고 자그마한 장에 자주 쓰는 물건을 정리하고 벽을 살리니
바라볼 때마다 좋고 쓰기에도 편하다. 테이블에는 반제품 선반장을 조립해
바느질 부자재를 넣은 병들을 수납하고,
그 위에 스탠드와 그림 액자를 올려놓아 보는 즐거움을 더했다.

반제품 가구는 인터넷 상에서 쉽게 구할 수 있다.
목재만 재단되어 직접 조립하고 페인트나 스테인 등으로 도색해야 하는 제품도 있지만
조립까지 마친 상태로 구입해 도색만 하면 되는 것들도 많다.
어느 쪽이든 전문적인 목공 도구 없어도 쉽게, 취향대로 만들 수 있어 좋다.

····> **장식장을 정리하다**
낡은 장식장은 퀼트 스튜디오를 운영할 때부터 쓰던 것이다. 한동안 주방에서
그릇장으로도 활약했다. 무게도 무겁고 색상이 너무 어두워 집 어디에 놓아도 분위기가
가라앉는 것이 늘 마음 쓰인 가구다. 그런 줄 알면서도 버리지 못해 끌어안고
살고 있으니 마음에 안 든다고 투덜거릴 수도 없다. 그럴 땐 소중한 물건으로 마음의 거리를
좁히는 것도 방법. 오래된 장식장을 작업실로 옮겨 애정 가는 물건들을 채우고 정리했다.

맨 위에는 오래전 전시를 위해 만든 작품과 바구니를 뜰 수 있는 헴프 코드,
공정무역 가게에서 구입한 아프리카 가나산 수공예품을 진열했다.
바구니 안에는 여러 종류의 실이 들어 있다. 그 아래 놓인 바구니들에는
현재 작업 중인 모티프와 여러 끈을 담아두었다. 아이가 지금보다 훨씬 어릴 적에
만든 그림 도자기도 진열했다. 그 밖에 책장에서 밀려나온 책,
이런저런 핸드메이드 액세서리를 담은 유리병, 천 바구니와 바느질 바구니도 있다.
폭넓은 취향의 부산물로 꼭 작업실 속 보물 창고 같은 느낌이다.

자주 쓰는 물건을
정리해 놓은 오픈 수납장.
많은 물건을
보기 좋게 정리할 수 있다.

나는 이곳에서 먼지 폴폴 날리며
뜨개질을 하고 천을 잘라 바느질을 한다.
날마다 소소한 일상을 사진으로 찍어
　　　　컴퓨터로 들여다보기도 하고
그 이야기를 글로 담기도 한다.

낡고 덩치 큰 소잉 테이블과 묵직한 책상이 그저 고맙다.

이 모든 것이 이루어지는 곳이니.

자주 사용하는 수납 도구

바구니 자잘한 물건을 보관하거나 담아두고 꺼내 쓰기에 바구니만 한 게 없다.
내 경우 커다란 볼가 바구니는 실을 담아두고 사용한다. 뜨개실을 여름과 겨울 두 계절로 나누어
보관하면 계절에 따라 쉽게 찾아 쓸 수 있다. 또 뜨개질 중인 것은 각각 작은 바구니에 담아둔다.
자투리 천은 일정한 크기로 접어 색깔별로 넣어두고, 바느질 중인 것도 역시 각각의
바구니에 필요한 것을 담아두고 쓴다. 무엇보다 바구니는 어디에 둬도 보기 좋다는 장점이 있다.

파일 박스 알록달록한 파일이나 팸플릿, 노트, 프린트물은
주제별로 분류해 파일 박스에 넣고 책꽂이에 꽂는다.
용도별로 모아 보관하면 찾기도 쉽고 보기에도 깔끔하다.

유리병 단추처럼 자잘한 액세서리, 부품 같은 것은
유리병에 수납하면 좋다. 투명한 유리병에 담아두면 보기에도 좋고
내용물이 잘 보여 쉽게 찾아 쓸 수 있다.

지관통 그림, 도면과 같이 종이로 된 물건을 보관할 때 유용한 것이 지관통이다. 화방이나 인터넷 검색으로 구입해 종류별로 분류한 뒤 라벨링해두면 찾기도 쉽고 빛바램이나 구김 없이 오래 보관할 수 있다.

거
―
실
―

언제나   독 서 와 휴 식 이   가능한 곳

전면에 책장이 있어 얼핏 북 카페 느낌도 든다.
애초부터 그런 분위기를 원했다.
가족이 편하게   앉거나 누워   책 을 보 고 이 야 기 나 눌 수   있는 곳.

책장 앞으로 낮고 탄탄한 패브릭 소파를 놓고 이웃하는 벽 쪽에는
스툴을 두어 어느 쪽에서든 편히 앉아 책을 보거나 차를 마실 수 있다.
거실에선 형광등보다 붉은색 조명이 좋아 이사 올 때 천장에 매입한
LED 할로겐 조명과 오래된 연식의 플로어 스탠드를 즐겨 쓴다.
빈 벽에는 평소 좋아하는 일러스트레이터의 작품을 걸었더니
허전하지 않아 좋다. 그 밖에 특별한 장식은 없다.

····> **벽을 페인팅하다**
펄 들어간 흰색 벽지에 시간의 얼룩까지 더해져 보기 싫었던 거실.
그래도 거실은 그나마 문제 해결보다 인테리어에 가까운 놀이가 가능했던
공간이다. 하지만 면적이 넓어 벽을 칠하는 데만도 꼬박 3박 4일이 걸렸다.
빛바랜 흰색 몰딩은 지금도 짬 날 때마다 덧칠해가는 중.

····> **장식장을 들이다**
이케아 가구 조립은 언제나 남편 몫이다. 유리가 들어 있는 박스와 골조가
담긴 박스 두 개의 유닛으로 포장된 크고 무거운 짐을 풀어서 조심조심
차근차근 조립해 한쪽 벽에 세웠다. 직접 만든 못난이 도자기 그릇에
여행길에 주워온 솔방울과 마른 나뭇잎을 담고 그 옆에는 내 손으로 빚은
찻주전자도 놓았다. 독일 여행길에 챙긴 맥주 잔을 나란히 놓고 캐나다
호프웰록스에서 사 온 부엉이 조각품과 인형도 함께 넣어두었다.
그 옆의 제니 인형은 어린 시절 가지고 놀던 마론 인형이 생각나서
오래도록 소장하고 있는 것. 일본에 사는 막내 오빠가 사준 마네키네코와
앤티크 쇠 골무, 유럽 공항에서 동전을 없애려고 산 작은 술병 등이
제집을 찾았다. 결혼사진, 가족사진 등 크고 작은 액자도 모아놓았다.
그동안은 먼지 쌓이는 게 싫어서 박스 깊숙이 넣어두었던 것을 이렇게
장 안에 장식해놓고 보니 먼지도 덜 타고 보기에도 좋다.
문이 고정형이 아니라 열쇠로 달아두어야 하는 것이 불편하지만
그래도 예쁘니까 괜찮다. 유리 장식장 하나 들여놓고 새집이 생긴 것처럼
재미나고 좋아서 자꾸 그 앞을 서성이게 된다.

가족이 편하게 앉거나 누워 책을 보고 이야기 나눌 수 있는 곳으로 꾸민 거실.

거실에 책을 들여
온 가족이 책을 보며
각자의 시간을 즐긴다.

····> **책을 채우다**
책장은 신혼 때 구입한 것에
책이 채워질 때마다 같은 디자인으로
한 칸씩 늘려 이제 벽 한 면을 다 채우고 있다.
아이 책, 어른 책이 함께 꽂혀 있고,
그래서 식구들은 늘 이곳에서 책을 본다.
누군가 먼저 책장 앞 소파에 누워
자리를 선점하고 있더라도
맞은편에 스툴이 있어 함께,
때로는 각자의 시간을 누리기에
부족함이 없다.

....> **커튼을 달다**

긴 시간 거실에는 커튼이 없었다. 처음에는 남향의 볕이
좋아서 그랬다. 신혼살림을 시작한 이전의 작은 집은 창문이
두 개였는데, 작은 방 창은 복도 쪽으로 나 있어 한 번도
시원하게 열어본 적이 없었다. 동향으로 난 유리창 하나에
의존해 살다 보니 이른 아침엔 늘 눈이 부셨고 이후론
금세 어두워져 낮에도 형광등을 켜고 지냈다.
그렇게 6년을 지내는 내내 햇살 좋은 집이 그리웠다.
정남향이라는 것만으로 앞뒤 안 재고 변두리에 집을
덜컥 사버릴 만큼 그땐 햇살에 갈급했다.
아마도 그래서였을 것이다. 십 년 동안 거실에 커튼 달
생각을 하지 않았던 것은. 늘 마루 깊숙이까지
들어오는 따사로운 햇살이 마냥 좋았다.
그러던 어느 날 우리 집 거실엔 커튼이 없다는 사실을
깨닫게 되었다. 비어 있는 창가가 문득 썰렁하게 보였다.
그래서 이사 온 지 십 년 만에 커튼을 만들었다.
길게 말린 리넨 천을 꺼내 자르고 깨끗이 빨아 바삭하게 말린 뒤
이리저리 둘둘 박아 최대한 단순하고 소박하게 만든 커튼은
기성 제품의 세련미는 없지만 그런대로 괜찮아 보였다.
부족함을 알면서도 이렇게 자꾸 손으로 만들게 되는 것은
그 과정의 즐거움 때문이다. 몸은 고되지만 머릿속 아이디어를
구체화해서 얻은 결과물이 주는 성취감은 상상 이상이다.

집에서 커튼을 만들 때

집에서 커튼을 직접 만든다면 밀도가 묵직한 리넨 100%, 혹은 면과 리넨 혼방 원단이
바느질하기에 쉽다. 커튼 천을 고를 때 가장 중요한 부분이 원단의 무게.
원단이 너무 가벼워 커튼의 늘어지는 맛을 살리기 어렵다면 커튼 하단에 추를 넣어 만들면 된다.

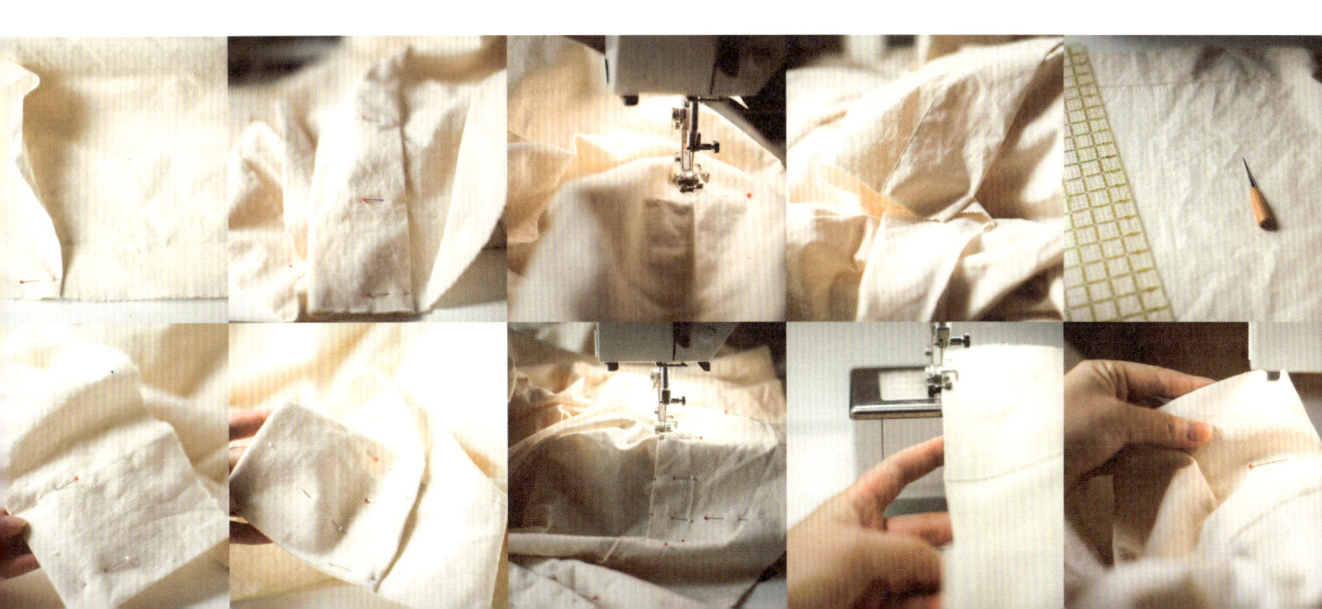

tip

책 정리를 할 때

아이의 눈과 손이 쉽게 닿는 높이에는 아이 책을 우선적으로 꽂는다. 나머지 칸은 어른 책으로 채운다. 적당히 비워야 답답하지 않다. 하지만 책이 많은 집이라면 정해진 공간에 넣어야 할 책이 계속해서 쌓일 테니 자기만의 버리고 채우기 원칙을 정해 관리해야 한다. 내 경우 다시 읽고 싶거나 새로 읽을 책은 따로 한곳에 모아두고, 오래된 책은 가끔씩 추려서 중고 서점에 내다 판다.

영수증 등을 정리할 때

고지서와 중요한 영수증, 서류 등은 잘 분류해 서랍에 보관한다. 관리비나 가스 요금 고지서 등은 차곡차곡 모아 각각의 박스에 담고 가구, 가전제품 같은 살림살이 구입 영수증이나 관련 서류는 얇은 파일에 넣어 정리한다. 통장은 통장 지갑을 따로 만들어서 보관한다.

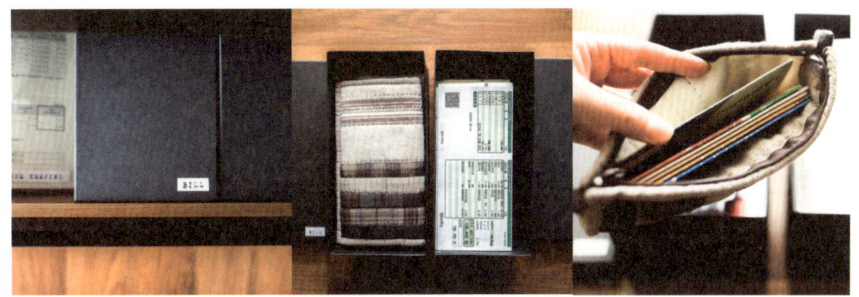

상비약을 정리할 때

약은 서랍에 작은 수납 통을 넣어 칸을 나누고 용도와 사용하는 가족의 이니셜을 적어 분류, 정리한다. 감기약, 배탈약, 밴드, 연고처럼 용도별로 나누기도 하지만 아플 때 조제해 온 약을 각자 이니셜이 적힌 통에 넣어두었다가 꺼내 먹으면 간편하다.

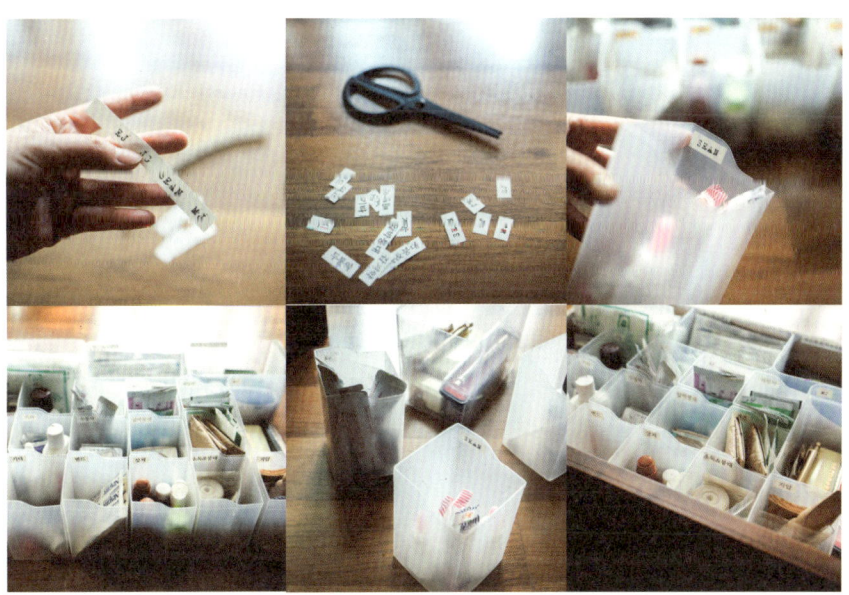

우리 집 주방은 유난히 좁다.
얼마나 좁은 지
신혼 초 살던 10평대 아파트와
큰 차이가 없을 정도나.
하지만 그 비좁음 사이에
내 취향이 고스란히 담겨 있어
살림하는 나를 늘 행복하게
만들어주는 곳이다.
내가 행복하니
모여서 같이 밥 먹는 가족에게도
그 따뜻함이 전해질 테다.

좁아도 행 복 이 가득한 곳

주
―
방
―

이사 올 때부터 문제가 많았던 주방. 페인트칠과 타일, 선반 작업으로 쓸 만하게 탈바꿈했다.

····> **벽과 수납장을 페인팅하다**
이사 올 무렵 포인트 벽지가 유행했다.
우리 집도 붉은색 벽지로 포인트를 줬는데 시간이 갈수록
자꾸 눈에 거슬렸다. 주방이 북향인 데다 옛날 아파트라
창문이 작고 채광도 좋지 않았다. 어두운 것을 감안하면
흰색으로 바꿔야 마땅하지만 식탁 있는 공간에 흰색은
어쩐지 부담스러워 고민 끝에 샌드베이지 색상을 선택하고
붙박이장도 같은 색으로 페인팅했다.

····> **싱크대와 창틀을 페인팅하다**
오래된 주방 가구는 처음부터 문제가 많았고
시간이 갈수록 얼룩덜룩 빛이 바래
더는 두고 볼 수가 없었다. 길이가 맞지 않아 생긴
싱크대 하단의 뚫린 부분은 우드락으로 막고
페인트칠을 하니 완벽하게 가려졌다. 상부장은 집의 방향과
유지·관리를 고려해 너무 어둡지도 밝지도 않은
연한 그레이 베이지 색으로 칠했다.
주말이면 거의 온종일 시간을 보내는 공간.
얼룩덜룩한 싱크대에 색을 입히고 나니
답답하게 들어찬 살림살이도 훨씬 더 여유로워 보이고
고무장갑까지도 예뻐 보인다. 연한 크림색 시트지를 입혀
그럭저럭 사용하던 창문은 얼핏 보면 멀쩡해 보여도
자세히 보면 많이 낡아서 이참에 확 떼어내
지저분한 실리콘 라인을 손보고, 우드 필러로 창틀 아래
벽 부분에 금 가고 부서진 곳도 꼼꼼히 메웠다.
나무로 예쁜 창틀을 짜 넣는다거나 근사한 통창을 다는
대공사는 할 수 없지만, 금 간 벽을 감쪽같이 메우고
깔끔하게 색 입히는 것쯤은 이제 혼자서도
충분히 가능함을 확인한 순간. 오래된 집 앞에서
어깨가 점점 더 당당해지고 있다.

⋯> **내친김에 타일 시공에 선반 달기까지**
커피 도구가 새로 자리한 곳은 이사 왔을 때부터 빈 공간이었다.
천으로 대충 가리고 살다가 남은 타일을 붙여 온전한 벽으로 만들었다.
무광 타일이면 좋았을 테고 푸른빛 도는 흰색이 아니면 더 좋았겠지만,
예쁘고 안 예쁘고를 생각하기 전 흉물스러운 빈 벽 메우기에 급급했다.
혼자 타일을 붙인 다음 선반을 만들었다. 치수를 재서 나무를 구하고,
나무에 무광 바니시를 바른 뒤 검은색 스틸 프레임을 달아 물건을 정리하고 나니
홈 바리스타로 커피 볶고 내리기에 부족함 없는 공간이 되었다.

⋯> **식탁 위에 꽃 닮은 조명을 달다**
아침에는 복닥거리며 밥을 먹고 낮에는 느긋하게 찻상이 되었다가
저녁이면 따뜻한 불빛 아래 수다가 늘어지는 식탁. 나의 어릴 적 기억에는
오렌지빛 도는 식탁 주변 풍경이 집의 따스함으로 강하게 남아 있다.
그런 기분 좋은 기억을 되살려 결 좋은 나무로 된 기다란 식탁을 들이고
그 위에 꽃 모양 조명을 달았다. 여러 디자인을 섞어 배치한 의자와 벤치에도
동그랗거나 올록볼록 푹신한 여러 종류의 방석으로 변화를 주었다.

식탁 위에 단
꽃을 닮은 조명과
퀼트로 직접 만든
냄비 집게.

포인트 공간을 만들다

15년 만에 냉장고를 바꾸고 나서 고민이 생겼다.
냉장고가 전에 쓰던 것보다 커서 싱크대 옆으로
들어가지 않아 식탁 옆으로 옮긴 까닭이다.
바윗덩이 같은 냉장고 한 면을 큰 나무로 가려도
보고, 테이블로 홈 카페 분위기를 내보기도 했지만
아무리 애써도 눈에 차지 않았다.
가벽을 세워볼까도 생각했고 스틸 프레임에
반투명 유리를 끼운 슬라이딩 도어에도
마음이 끌렸지만 제대로 하자니 그건 또
비용이 부담스러웠다. 고민이 깊어질 무렵,
불현듯 가릴 수 없다면 차라리 보기 좋게
꾸며보자는 생각이 스쳤다. 소품만 놓아서는
쉽게 분위기가 바뀔 것 같지 않아 입으로 불어 만든
투명한 유리 갓 전등을 선택했다.
커다란 그림 액자와 화병으로 포인트를 주고
그 앞으로 조명을 길게 내린 뒤 주변에
조그만 소품을 늘어놓으니 어떻게든 가리고 싶던
부분이 이제는 자꾸 바라보고 싶은 곳이 되었다.

양념통과 조리 도구를 정리할 때

양념통 자주 사용하는 양념은 작은 용기에 담아 손쉽게 사용할 수 있도록 한다. 평소 같은 모양의 용기를 모아두었다가 활용하면 좋다. 용량이 큰 것은 작은 용기에 덜고 나머지는 보관 용기에 넣어 선반에 보관한다. 보관 용기는 빈 우유 통이나 음료수병을 활용하면 한결 통일감 있고 깔끔하게 정리할 수 있다.

조리 도구 싱크대 상부장 하단에 길쭉한 봉을 달아 자주 쓰는 조리 도구를 걸면 사용하기도 편하고 정리도 수월하다. 자주 사용하지 않은 것은 소재별로 분리해 수납장 안에 따로 보관한다.

냉장고를 정리할 때

냉장고는 적당히 비워 있어야 냉기의 흐름이 수월하고 전기 효율도 좋아진다.
공간에 여유가 있으면 이리저리 옮겨가며 청소하기도 편하고 내용물을 파악하기도 쉬워 일석삼조.
가끔 포켓이나 선반을 빼내 닦기도 하지만 보통 때는 구연산을 섞은 물에 적신 행주로 닦아가며 관리한다.
또 홍차를 마시고 남은 찻잎을 냉장고에 넣어 탈취제로 쓰기도 한다.
재료의 형태와 사용 빈도에 따라 나름의 수납 원칙도 세워두었다.

냉동실 문 쪽에는 작은 아이스 팩이나 자주 꺼내 먹는 과자류 같은 간단한 것을 넣는다. 안쪽은 수납 바구니를 활용하면 깊숙한 곳에 있는 것도 쉽게 꺼내 쓸 수 있다. 맨 위 상단에는 멸치, 새우 같은 건재료를 보관한다. 통에 담아 가지런히 세우면 보기 좋게 정리할 수 있다. 그 아래 칸에는 한 번 먹을 만큼씩 소분한 먹거리를 바구니에 세워서 보관한다. 세 번째 칸에는 커다란 바구니를 활용해 고기와 생선류를 담고, 맨 아래 칸은 냉동 식품과 간식류를 보관한다. 서랍에는 냉동 과일과 아이스 팩을 보관한다.

냉장실 맨 위칸은 직접 만든 잼이나 페이스트 같은 것을 보관하거나 비워둔다. 아래에는 소스와 양념을, 손이 가장 잘 닿는 칸에는 손질한 과일과 채소가 담긴 통을 둔다. 그 아래에는 채소류와 가공식품이 담긴 식자재 바구니를 두고, 제일 하단에는 살모넬라균의 위험이 있는 달걀을 한쪽에 분리해서 보관한다. 소시지전의 생선이나 육류, 가끔 남은 음식이 담긴 냄비, 케이크 마스처럼 부피가 있는 것을 넣을 수 있도록 한쪽을 비워두기도 한다. 문 쪽에는 담금술, 더치 커피, 절임류 같은 저장 식품과 잡곡 통을 두고 포켓 도어에는 소스류와 우유, 간식 등을 보관한다.

그릇장을 정리할 때

그릇은 사이에 천으로 만든 티 매트를 끼우거나 냅킨이나 키친타월, 선반용 매트를
잘라 사이사이에 넣고 정리한다. 또 무거운 그릇을 가운데에 놓으면 선반이 휠 수 있으니
맨 아래 칸이나 가장자리에 수납한다. 표면이 매끄럽지 않은 도자기는 투명한
선반용 매트를 깔아야 수납장이 손상될 위험이 없다. 커트러리는 그릇장 속 서랍에 보관하거나,
서랍이 없다면 수납 트레이를 활용해 서랍처럼 넣어두고 꺼내 쓴다.
찻잔은 받침과 잔을 세트로 보관한다. 종종 받침끼리 포개고 그 위에 잔을 뒤집어서
쌓아 올리는데, 이럴 경우 공간 효율은 좋지만 손상되기 쉽다. 찻잔이 많다면 잔을 받침 위에
똑바로 놓은 채로 세트로 쌓아 올리는 편이 더 안전하다.

수저와 조리 도구 삶기

수저와 스테인리스로 된 도구는 가끔씩 삶는 게 좋다. 냄비에 도구가 잠길 만큼 물을 붓고 베이킹 소다를 한 스푼 넣어 10~15분 정도 끓인다. 이때 물을 너무 많이 넣으면 끓어 넘치거나 조리대에 끓는 물이 튀어서 지저분해질 수 있다.

빈 병 재활용하기

같은 모양의 병을 모아두었다가 라벨을 떼고 깨끗하게 세척해서 말린다.
이때 가장 중요한 것은 병에 수분이 남지 않게 하는 것.
건조 후 식품용 습기 제거제나 키친타월을 넣고 뚜껑을 닫아두었다가 제거한다.
그런 다음 라벨링을 하고 바닥에 유효기간을 표시해둔다.

처음 스테인리스 제품을 샀을 때
스테인리스 소재 냄비와 조리 도구는 첫 세척이 중요하다.
표면에 묻은 연마제를 세제만으로는 제거하기 어렵기 때문이다. 마른 천이나 키친타월에
식용유를 묻혀 결대로 문지르면 스테인리스에 밴 연마제가 검게 묻어 나온다.
특히 모서리나 마감 부분을 꼼꼼히 닦아야 한다.

커트러리 세척과 보관
커트러리는 세척 후에 물기가 마르기 전 마른행주로 닦으면 얼룩이 없이 보관할 수 있다. 가끔씩 한꺼번에 광을 내기도 한다.
컵에 베이킹 소다와 구연산 한 스푼씩과 세제 1/2스푼을 넣고 뜨거운 물을 넣어 섞은 뒤 커트러리를 넣는다.
거품이 잦아들면 커트러리를 꺼내 뜨거운 물로 헹구고 물기가 마르기 전 마른행주로 문지르면 광택이 살아난다.
자주 사용하는 것은 수납 트레이에 넣고, 가끔 사용하는 것이나 은 제품은 보관집에 넣어 보관한다.

베
란
다

내 마음의   정원 & 쓸모 있는   작은 곳간

어릴 적 외할머니의 정원에 있는 나무와 꽃을 보고,
또 직접 기르신 토마토나 콩을 따먹으며 자라서인지
나는 항상 마당이 그립다. 아파트 베란다에 마당 못지않은 정원을
가꾸며 사는 사람도 적지 않지만 오래된 우리 집은
앞 베란다가 좁아도 너무 좁다. 큰 화분은 한쪽 벽에 일렬로
붙여놓고 자잘한 화초는 테이블 위로 옹기종기 모아 키우며
아쉬움을 달랜다. 그런데도 내 마음에는 너른 정원이다.
뒤 베란다는 하루에도 몇 번씩 드나드는 곳이다.
선반장이 두 개 있고 식자재와 생필품이 담긴 철제 바구니가
칸칸이 들어차 있다. 바구니는 패브릭으로 덮어놓고
가끔씩 걷어 먼지를 털어내거나 세탁한다. 손바닥만 한 공간에
재활용 쓰레기도 모아두어야 하기 때문에 집 안 어느 곳보다
청결과 정리 정돈에 신경 쓰는 곳이다.

앞 베란다

화초를 키우는 테이블 앞에 작은 의자를 하나 두고 볕이 좋은 날이나 눈, 비 오는 날에 앉아 차를 마시거나 책을 읽는다.

⋯⋯> **화초와 화분을 정돈하다**
공간이 좁아 키 큰 나무 화분은 보기 좋게 일렬로 세우고,
작고 소소한 것은 코너에 테이블을 두고 옹기종기
모아두었다. 언제나 걱정 없이 자라는 제라늄은
날마다 새로운 꽃을 피워내고, 알로카시아는 점점 잎이
더 커지며, 스파티필룸은 아주 빼곡해졌다.
스테인드글라스 물감으로 색을 입힌 유리병들은
제법 바싹 말랐고, 시름시름 앓던 스킨답서스는 조금씩
생기를 되찾아가는 중이다. 겨울을 보낸 애플민트는
더 작고 단단한 잎이 풍성하게 불어났고, 키 큰 화분에서
와글와글 자라는 제라늄은 거실로 들인 후 잎이
더 늘었나 보다. 가끔씩 밖으로 나와 쉴 수 있는
쉼표 같은 공간. 비좁지만 그 안에서 느끼는 여유는
그날의 기분에 따라 늘었다 줄었다 해 때로
아늑하기도 하고 답답하기도 한 내 마음의 숲 같다.

⋯⋯> **모빌과 조명을 달다**
천장에는 비즈로 만든 모빌과 조명을 달았다.
모두 내 손으로 만든 것이다. 한 가닥 한 가닥 구슬을
꿰가며 긴 시간 공들였다. 손끝이 너덜너덜해질 정도로
힘들었지만 완성 후의 기쁨이 커 고생은 금세 잊었다.
손에는 분명 마법 같은 힘이 있다. 잘 만들어서,
손재주가 좋아서, 꼭 그래서가 아니다. 특유의 따뜻한
손맛이랄까. 그 힘이 넉넉한 행복감을 만들어낸다.

⋯⋯> **창고를 쎄이빙하다**
한때 앞 베란다의 창고는 결로로 인한 곰팡이 때문에
물건 보관은 아예 꿈도 못 꿨다. 그런 곳을 애초의
흰색으로 되돌려놨을 때의 기분은 말로 표현하기 어렵다.
지금도 겨울이면 완벽하게 뽀송뽀송하진 않지만
화초 관리에 필요한 물건을 보관하고 사용하는 데는
부족함이 없다.

한 가닥 한 가닥 비즈를 꿰어가며 직접 만들어
더욱 행복감이 느껴지는 모빌과 조명.

뒤 베란다

⋯> 벽에 페인트칠로 결로 문제를 해결하다
자그마치 15년 된 낡은 베란다. 거실처럼 넓은 공간도 아니고 그저
지저분한 벽만 손보면 되니 페인팅에 긴 시간이 필요할 것 같지도 않았다.
그런데 막상 계획을 세우고 나니 결로도 싹 사라졌으면 좋겠다는
대담한 상상까지 하게 되었다. 다행히 고된 노동의 결과는 상상 이상이어서
지금도 겨울 내내 보송보송한 벽을 잘 유지하고 있다.
벗겨진 페인트를 긁어내고 방수 페인트를 칠한 뒤 다시 선반을 들여
정리를 끝내고 나니 십 년 묵은 체증이 쑥 내려간 듯 속이 후련하다.

⋯> 문을 페인트칠하고 시트지를 붙이다
주방에서 베란다로 드나드는 문. 이사 올 때 짜 넣은 흰색 문은
격자 부분의 페인트 마감이 엉망이라 한동안 커튼으로 가리고 살았다.
안 그래도 어두운데 그나마 들어오는 햇빛을 가리고 지내다 보니 답답해서
손을 봐야겠다고 늘 생각했던 곳이다. 집에서 가장 지저분하고
낡은 곳인 줄 알면서도 이상하게 마음처럼 몸이 움직여지지 않았다.
해야지, 해야겠어, 해야 하는데… 그렇게 몇 년을 생각만 하다
더 이상 방치할 수 없는 지경이 되어서야 손을 보았다.
아파트 끝 집이라 그런지 다른 집보다 결로가 심해 일 년 내내
창문을 조금씩 열어두고 지냈다. 그러다 갑자기 소나기라도 들이치면
부리나케 달려가 창문을 닫아야 했고, 비는 때때로 우리가 잠든
사이에도 내려 바람을 타고 문으로 들이쳤다. 그렇게 비바람 맞으며
10년을 보내는 사이 들뜬 부분을 긁어내고 나니 더더욱 흉물스러웠다.
새 문은 싱크대를 칠하고 남은 페인트로 칠하고 손잡이를 바꾼 후
유리창에 무점착 시트지를 붙여 마무리했다.

벗겨진 페인트를 긁어내고
방수 페인트를 칠한 뒤 선반을 들여
물건을 정리하고 페인트와
반투명 시트지로 리폼한 문.

화초를 관리할 때

집 안에서 화초를 키운다는 것은 돌봄이 필요하다는 뜻이기도 하다. 때맞춰 물을 주는 것도 일이지만 장마가 오기 전에 병충해를 막기 위해 소독약을 뿌려준다거나 열매를 맺도록 꽃가루를 옮겨주는 일, 통풍을 위해 가지치기를 하는 것처럼 끊임없이 살피고 가꿔야 하는 의무가 따라오는 일이다. 보통 새잎이 나고 꽃을 피운 후에 분갈이하는 게 좋다고 알려져 있지만, 화분 밑으로 뿌리가 보이거나 화초에 비해 화분이 작게 느껴질 때 분갈이가 필요해지기도 한다. 장미 허브처럼 가지를 잘라 심으면 잘 자라는 것도 있고 폴리셔스와 같이 물꽂이를 해서 뿌리를 충분히 내린 뒤에 옮겨 심어야 하는 것도 있는데, 어느 쪽이든 화초가 건강하게 늘어가는 모습을 보는 일은 즐겁다.

청소할 때

화초를 키우는 앞 베란다나
창고로 쓰는 뒤 베란다 모두
자주 바닥 청소를 해야 한다.
타일로 된 바닥은 욕실 청소와 마찬가지로
베이킹 소다를 솔솔 뿌려두었다가
따뜻한 물을 뿌려가며
빗자루나 솔로 문질러 닦은 뒤
창문을 열어 보송하게 말린다.

무점착 시트지를 붙일 때

문에 투명한 유리가 끼워져 있어 베란다가 들여다보이는 게 신경 쓰인다면
간단하게 시트지로 가릴 수 있다. 반투명 무점착 시트지를 적당한 크기로 자른 뒤
주방 세제 섞은 물을 유리에 스프레이하고 붙이면 된다.
이때 중앙에서 바깥쪽을 향해 밀대로 밀면서 공기를 빼내면 말끔하다.
남는 부분은 자를 대고 칼로 잘라내면 끝. 접착제가 묻어 있는 것이 아니어서 떼내기도 쉽고,
떼냈을 때 자국이 남지 않아 부담 없이 해볼 만한 간단한 시공이다.

현
―
관
―

집의 얼굴

처음 이사 왔을 땐 낡은 현관문이 그렇게 싫더니 시간이 갈수록 무뎌져 지저분한 것도 모르고 지냈다.
그러다 몇 해 전 검은색 페인트를 칠하겠다고 했을 때 모두들 만류했다. 하지만 결과는 생각보다 만족스러웠고 작년 연말 신발장과 벽에 하얀색 페인트를 칠해 깔끔한 현관 모습을 갖추게 되었다. 아이의 표현을 빌리면 '흰색 도화지 같은 현관'에 회색 매트를 깔고 편지꽂이와 새 모양 훅을 달아 일단락된 현관 매만지기다.

위. 새 모양 훅을 달아 열쇠를 보관하고 편지꽂이에 우편물을 수납할 수 있게 했다.
아래. 커다란 매트를 구입해 현관 바닥 크기에 맞게 잘라 깔고 한쪽 벽에는 기다란 스툴을 놓았다.

·····> **칠판 페인트로 문 칠하기**
청소만으로는 관리가 어려워 현관문에도 페인팅을 했다.
더러워 보이지 않게 하려면 밝지도 어둡지도 않은 색이 좋지만
좁은 공간을 조금이라도 넓어 보이게 하려고 문 안쪽에 검은색을 칠했다.
칠판용 페인트라 간단한 메모도 할 수 있다.

·····> **벽과 신발장을 페인팅하다**
벽과 신발장은 집 안 몰딩에 칠하고 남은 크림색 페인트로 칠했더니
전체적으로 아주 깔끔해졌다.

·····> **스툴과 편지꽂이를 놓다**
신발장에는 신발 외에 공구나 전구처럼 집 안
유지·보수에 필요한 도구도 수납해야 한다.
품어야 할 물건 대비 공간이 협소하니 효율적 사용이 절실하다.
한쪽에 자주 신는 신발을 꺼내놓을 수 있는 스툴을 배치해
아이가 편히 앉아 신고 벗을 수 있게 했다.
신발장 옆으로는 스툴과 같은 색의 편지꽂이를 달고
새 모양 훅을 달아 열쇠와 우편물을 보관할 수 있게 했다.

·····> **바닥에 매트를 깔다**
현관 타일은 처음 시공했을 때부터 맘에 들지 않았다.
줄눈 색이 마땅치 않고 타일 시공도 말끔치 않았다.
눈에 차는 타일로 새로 시공하려니 비용이 또 발목을 잡았다.
주방 벽 빈 곳에 타일을 붙이고 남 뒤 생긴 기미가스고
현관 타일도 붙여볼까 싶었지만 타일을 자르는 일이 겁나
결국 마음을 접었다. 매트를 깔면 주겠다 싶었으나
적당한 크기가 보이지 않았고, 그렇게 몇 달을 고민만 하던 중
결국 원하는 매트를 구했다. 꽤 오랫동안 무광의 회색 타일로
바꿨으면 좋겠다고 생각했는데 간단하게 매트로 대신하고 나니
아쉬움보다 개운함이 더 크다. 때로 어려운 것에 대한
욕심을 내려놓고 적당한 타협이 필요하다는 결론을 얻었다.

작은 콘솔 위에
꽃병을 놓고,
커피 찌꺼기로 만든
티백을 두어
오가는 손님이
집어 갈 수 있게
했다.

신발장 속 냄새를 제거하고 싶을 때
신발장 안에는 베이킹 소다와 커피 찌꺼기를 탈취제로 사용한다. 베이킹 소다는 용기에 담아
신발장 안에 둔다. 가끔 꺼내 청소용으로 쓰고 새것으로 다시 채워두어야 제대로 효능을 볼 수 있다.
커피 찌꺼기는 커피 내리고 남은 가루를 햇볕에 말린 후 프라이팬에 살짝 볶아 티백에 담아
신발 안에 넣어두고 두어 달에 한 번씩 새것으로 바꾼다.

[그리고]

취
향

HANDMADE  SELF-INTERIOR

A BALANCED LIFE HOME CAFE

#06   **커피, 네가 있어서**

커 피 가   있 는

풍　　　경

집에서 마시는 커피는 해야 할 일
사이에서 잠시 멈춤을 부르는 쉼표,
혹은 그사이 하고 싶은 일을
살포시 밀어 넣는 접속의 역할을 한다.
설거지, 청소, 빨래를 하다가 지칠 때,
뭔가로 정신없이 바쁠 때.
그럴 땐 미처 끝내지 못한 설거지가 담긴
싱크대 한 귀퉁이라도 상관없다.

그라인더에 커피콩 한 줌을 넣어
커피를 갈고 물을 끓인다.
그런 다음 드리퍼에 서걱한 종이 필터
한 장을 올리고 적당히 간 커피를 넣은 다음
뜨거운 물을 포트에 옮기면
나도 모르게 찬찬히 숨을 고르게 된다.
어깨와 팔꿈치를 단정히 움츠리고
포트 쥔 손목을 조심스레 돌려가며 커피를 내린다.
내린 커피를 잔에 따르고 나면 방금 긴 새끼
무릎을 마루에 붙이고 힘껏 걸레질하던 손이
저절로 우아하게 커피잔에 닿는다.

마음을 쉬게 하고 기운을 되찾게 해주는 시간.
커피를　즐 긴 다 는 　것은
바로 그런 시간을 스스로 허락하는 행위다.

커피를　　　볶　　다

커피를 즐기는 사람들은 말한다.
커피 중독의 끝은 직접 커피콩을 볶아 마시는 것이라고.
나 역시 '프라이팬에 볶아볼까?' '뭐 그렇게까지'
이런 생각을 수차례 반복하다가
결국 핸드 로스터와 수망을 사들였다.

몇 가지 도구만 있으면 커피 볶는 방법은 간단하다.
예열한 로스터나 수망에 생두를 넣고
중불에서 좌우로 흔든다.
약한 로스팅을 원하면 커피콩에서 타닥타닥
소리가 나기 시작할 때 불을 끈 다음 남은 열로 볶고,
중간 정도의 로스팅을 원하면 좀 더 볶다가
두 번째로 탁탁 튀는 소리가 날 때 불을 끄면 된다.
다 볶은 커피콩은 체에 쏟아 흔들어 재빨리 식힌다.

처음 내 손으로 커피콩을 볶았을 때의
기억을 잊을 수 없다. 갓 볶은 커피콩을 유리병에 담아두고
그 맛을 보기 위해 아침마다 주방으로 달려갔다.
아무래도 직접 볶은 커피는 사 먹는 커피와
비교할 수 없는 기쁨이 있다.
이렇게 커피를 볶아 마시게 되면서 원두를 주문할 때는
꼭 볶은 것과 날것 두 종류를 구입한다.
경험도 실력도 부족한 홈 바리스타이다 보니
전문가가 볶은 원두 맛과 비교해보기도 하고,
간혹 과하게 볶은 것은 잘 볶은 원두와 섞어 쓰기도 한다.

홈 로스팅의 필수품

핸드 로스터와 수망

집에서 커피를 볶기 시작하면 자연스럽게 이런저런 도구에 관심이 간다.
내가 가장 많이 사용하는 것은 이리조즈 핸드 로스터다.
작고 가벼워서 오래 볶아도 팔에 무리가 가지 않고 불 조절이 쉬워 늘 평균 이상의 결과를 낸다.
수망은 신에츠 카나미 제품을 사용한다. 바닥 부분에 요철이 있어 흔들 때
커피콩이 잘 뒤집혀 골고루 볶아진다. 이 수망의 장점은 볶은 정도를 눈으로 쉽게 확인할 수
있다는 것. 단점은 불에 직접 콩이 닿아 불 조절을 잘못하거나 흔드는 속도가 느리면
쉽게 탄다는 것이다. 불에서 한 뼘 정도 떨어져 볶아야 적당하다. 다 볶은 후에는
바로 거름망에 옮겨 흔들어서 열기를 뺀 다음 부채질을 해가며 빠르게 식힌다.

핸드 로스터로 커피 볶을 때

수망으로 커피 볶을 때

커피를 갈다 — 그라인더 이야기

내 생애 첫 그라인더는 대학교 1학년 때 친구가 선물해준 블레이드 그라인더다. 사용하기 쉽고 청소도 간편하지만 바텐더처럼 흔들어가며 갈아야 입자가 균일하다. 이것을 20년 넘게 사용하다 어느 날부터 모터에서 탄 냄새가 나고 미분이 많이 생겨 결국 새로 구입했다.

한번 사면 오래 사용하는 것인 만큼 신중하게 골랐다. 커피 그라인더는 칼날의 종류에 따라 롤 그라인더, 플랫 커터, 블레이드 커터, 코니컬 커터로 나뉜다. 내가 고른 것은 고정 톱니와 회전 톱니가 맞물려 돌아가는 코니컬 커터 전동 그라인더다. 블레이드 그라인더보다 열이 적게 발생하고 굵기도 조절할 수 있으며 가격도 적당하다.

직접
써보니
참
괜찮은

커피

그 라 인 더

칼리타 핸드 밀
가장 대중적인 제품으로 분쇄가 안정적이고 가격이 저렴하다.
단, 전체적으로 세척하기 어려운 것이 단점이다.

tip 그라인더 청소는? 전동 그라인더는 커터 날을 분리한 뒤 청소용 솔로 미분을 털어내고 나머지 부속품을 닦는다.
전동 밀이나 핸드 밀 모두 원두를 넣는 부분은 칼날이 녹슬 우려가 있어 물 세척을 하지 않는다.
가끔 쌀이나 보리 같은 곡식을 갈아서 커피 오일을 흡착해내면 말끔해진다. 나무 핸드 밀의 원두 가루 받는 통은 개봉 후 처음 사용할 때 마른 천이나 솔에 굵은소금을 조금 묻혀 문질러서 거친 나뭇결을 다듬는다. 이때 커터 부분에 소금이 닿으면 날이 녹슬 수 있으니 주의한다. 세라믹 커터는 전체적으로 물 세척이 가능하니 씻은 후 잘 건조해서 사용한다.

보덤 비스트로 전동 그라인더
코니컬 커터를 사용하는 전동 그라인더 중에선
가격이 저렴하고 분쇄와 조절이 편리하다. 다만 너무 딱딱한
원두를 갈거나 장시간 사용하면 모터에 무리가 갈 수 있다.

하리오 슬림 세라믹 핸드 밀
커터 날과 모든 부품을 물로 세척할 수 있다.
핸들을 분해하면 부피가 줄어 휴대용으로도 좋다.

커
피
를

내　　　커피는 내리는 방법에 따라 필요한 도구도 다양해
　　　 이런저런 도구를 탐닉해가며 내게 맞는 커피 맛을
　　　 찾아가는 행위가 곧 커피를 마시는 즐거움이다.
리　　　내가 가장 선호하는 방식은 핸드 드립이다.

　　　 핸드 드립한 커피는 날씨와 기분에 따라서도
　　　 다른 손맛을 느낄 수 있다. 또한 드리퍼에 필터를
　　　 올리고 적당히 갈린 원두를 넣은 다음
다　　　뜨거운 물줄기를 솔솔 흘려서 단맛, 신맛,
　　　 구수한 맛을 끄집어 내리는 과정, 그 행위 자체로
　　　 마음의 위로를 받기도 한다.

가끔은 커피콩을 거칠게 갈아 프렌치 프레스에
털어 넣고 물을 한가득 부은 뒤 숟가락으로 휘휘 저었다가
필터를 꾸욱 눌러 따라 마시는 커피도 좋아한다.
이렇게 마시면 커피 오일이 걸러지지 않아 커피 맛이 더 풍부하다.

여름이면 침출 포트에 커피를 담고 실온의 물을 부어
냉장고에 시원하게 뒀다가 꺼내 마신다.
또 한 방울씩 똑똑 떨어지는 워터 드립에 커피를 넣고
하룻밤 기다렸다 냉장고에 숙성시켜 마시기도 한다.
어렵게 얻은 진한 더치 커피를 아이스 큐브도 만들어두고
차가운 우유를 가득 부어 마시는 아이스라테는
또 얼마나 맛있는지. 이런저런 여유도 없을 때는
머신 속에 캡슐 커피 한 알 넣고 내려서라도
마셔야 직성이 풀린다.

핸 드 드 립 을 위 한

기 본 도 구

드 리 퍼
핸드 드립 커피는 드리퍼 종류에 따라 커피를 내리는 방식과
여과 속도가 달라 맛도 달라진다. 보통 바닥에 나 있는
구멍 크기나 모양에 따라 제조사가 다르다.
작은 구멍이 세 개인 것이 칼리타 제품이고, 한 개인 것은
멜리타, 원추형 중심에 큰 구멍이 하나 있는 것은 고노 혹은
하리오 제품이다. 나는 주로 하리오 V60 유리 드리퍼와
칼리타 웨이브 필터 드리퍼를 사용한다.
초보자가 사용해도 평균 수준의 맛을 낸다. 드리퍼와 서버를
하나로 만들어 아로마를 중시하는 케멕스도 매력적이다.
핸드 드립에 자신이 없다면 내릴 때 기술이 필요 없는
클레버 같은 간편한 드리퍼를 사용하는 것도 좋다.

드 립 포 트
드리퍼에 물을 붓는 주전자. 부리 아랫부분이 굵고
끝으로 갈수록 가늘어지는 주전자가 물 조절하기에 쉽다고 하지만,
나는 주로 부리가 가는 칼리타의 호소구치 포트와 불에 바로
올릴 수 있는 하리오 부오노 드립 포트를 사용한다.

고노 드리퍼   멜리타 아로마 드리퍼   칼리타 동 드리퍼

칼리타 도자기 드리퍼   칼리타 웨이브 스테인리스 드리퍼   칼리타 웨이브 글라스 드리퍼

세맥스 드리퍼   날베비 드리퍼   하리오 V60 드리퍼

하리오 부오노 드립 포트   칼리타 호소구치 드립 포트   칼리타 펠리칸 드립 포트

여 과 지
드리퍼의 형태와 크기에 따라
여과지 선택도 달라진다.
적당한 여과지를 골라
커피를 붓기 전 물로 한 차례
헹궈내면 종이 맛이 덜 난다.

칼리타 300 / 칼리타 500 / 하리오 V60 레인지 서버

드립 서버
드리퍼로 내린 커피를 모으는 용기.
보통 유리 소재로 되어 있어
커피 용량을 확인할 수 있다.
여러 잔을 내릴 경우에는
커피를 다 내린 후 서버를 흔들어
커피를 골고루 섞은 다음 잔에 따른다.

하리오 드립 스케일 / 서미트 방수 드립 온도계

저울, 온도계, 타이머
정확한 계량, 온도, 시간 등을
따져가며 보다 이론에 충실한
핸드 드립을 하고 싶을 때 필요한 도구다.
온도계는 측정할 수 있는 온도에 따라
드립용과 밀크 스팀용으로 구분된다.
핸드 드립는 거피, 케틀 드립에 적당한
온도는 90도 정도이나.
참고로 하리오 드립용 시계에는
타이머가 내장되어 있다.

침 출 커 피 를 위 한

―――

기 본 도 구

침 출 포 트
거름망이 있는 유리병으로 커피뿐 아니라
냉침차를 마실 때에도 사용한다.

워 터 드 립
더치 커피를 만드는 기구로 사용하기 편리하다.
최근에는 저렴한 가정용 제품이 많이 나와 있다.

프 렌 치 프 레 스
원통형 용기에 금속 필터를 밀어 넣어
커피를 거르는 도구. 필터 세척이 다소 번거롭지만
손쉽게 커피를 즐길 수 있다.

침출 포트

워터 드립

Tip 커피 도구를 세척할 때는?

커피 잔이나 포트에 남은 잘 지워지지 않는 커피 얼룩은 베이킹 소다를 사용하면 쉽게 없앨 수 있다. 베이킹 소다와 구연산, 주방 세제를 1:1:0.5 비율로 섞어 닦고 워터 드립이나 프렌치 프레스의 거름망은 30분 정도 물에 담가두었다가 솔로 문지르면 망의 틈새까지 깨끗하게 세척된다.

프렌치 프레스

페이퍼 드립으로 내리기

페이퍼 드립은 집에서 느긋하게 커피를 즐기기에 좋은
방법이다. 종이로 된 여과지를 사용해서 미분까지 걸러내
비교적 깔끔하고 맑은 커피를 추출할 수 있다.
일반적인 핸드 드립을 위한 드리퍼 외에 케멕스, 클레버와
같은 도구를 활용해서 내리는 방법이 있다. 케멕스는
드리퍼와 서버가 하나로 이루어져 커피 고유의 향과 맛을
잘 잡아주는 도구로 알려져 있다.
용기 위로 튀어나온 여과지는 제거하기 편할 뿐 아니라
곡물 성분이 함유돼 있어 깔끔한 맛을 유도한다.
클레버는 여과지에 물을 붓는 동안 물이 흘러 내려가지
않고 고여 있기 때문에 내리는 방법이 아주 간단하다.
일정한 추출 시간을 거친 뒤 컵 위에 올리면 자동으로
커피가 내려진다. 아주 간편하게 커피를 즐길 수 있는
방법이다.

How to 21.0

일반 드리퍼일 때

재료   원두, 그라인더, 여과지, 드리퍼, 드립 서버, 드립 포트, 잔, 온도계, 저울

1   신선한 원두를 2인 기준 약 25g 준비한다.
2   원두를 그라인더에 간다.
3   드리퍼에 여과지를 얹고 뜨거운 물을 부어 용기에 여과지가 잘 밀착되도록 한다. 서버에 있는 물을 잔에 따라낸다. 이렇게 하면 여과지에 밴 종이 냄새를 없애면서 드립 서버와 잔을 따뜻하게 데울 수 있다.
4   커피 가루를 드리퍼에 담고 손으로 살살 흔들어 표면이 수평이 되도록 한다.
5   95도의 물을 중심에서 바깥쪽, 다시 바깥에서 중심 쪽으로 커피 가루가 부풀어 오를 때까지 부은 뒤 40초 정도 뜸을 들인다.
6   같은 방법으로 물을 부어 부풀어 오르면 또 평평해질 때까지 기다렸다가 다시 물을 붓는다. 이 과정을 반복한다. 이때 여과지 가장자리에는 되도록 물이 닿지 않게 한다.
7   2인 기준의 양이 나오면 표면이 완전히 꺼지기 전에 드리퍼를 제거한다.
8   잔에 부어놓은 물을 버리고 커피를 따른다.

How to 22.0

케멕스일 때

재료 원두, 그라인더, 케멕스용 여과지, 케멕스, 잔, 드립 포트, 온도계, 저울

1 신선한 원두를 2인 기준 약 25g 준비해 그라인더에 간다.
2 케멕스용 여과지를 얹고 뜨거운 물을 부어 용기에 여과지가 잘 밀착되도록 하고 서버 속 물은 잔에 따라낸다.
3 커피 가루를 여과지에 담고 손으로 살살 흔들어 표면이 수평이 되도록 한 뒤 적당히 물을 부어 뜸을 들인다.
4 중심에서 바깥쪽, 다시 바깥에서 중심 쪽으로 나선형이 되도록 천천히 물을 부은 뒤 평평해질 때까지 기다렸다가 다시 물을 부어 부풀리는 과정을 반복한다.
5 2인 기준의 양을 추출한 뒤 표면이 꺼지기 전에 여과지를 제거하고 커피를 잔에 따른다.

how to 23.0

클레버일 때

재료 원두, 그라인더, 여과지, 클레버 드리퍼, 드립 서버 혹은 잔, 드립 포트, 온도계, 저울, 스푼

1 신선한 원두를 2인 기준 약 25g 준비해 그라인더에 간다.
2 드리퍼에 여과지를 얹는다.
3 뜨거운 물을 부어 여과지를 적시고 컵에 드리퍼를 얹어 물을 버린다.
4 커피 가루를 여과지에 넣는다.
5 커피 가루가 수평이 되도록 드리퍼를 손으로 살살 흔든다.
6 물이 95도 정도 될 때까지 기다렸다가 물을 붓고 40초 정도 뜸을 들인다.
7 커피가 골고루 젖도록 물을 부은 뒤 평평해질 때까지 기다렸다가 다시 물을 부어 부풀리는 과정을 반복한다. 다른 드리퍼와 달리 물이 고여 있는 상태이므로 가장자리에 물이 닿게 부어도 상관없다.
8 물을 가득 부은 뒤 스푼으로 잘 섞은 다음 잔 위에 올려 커피를 내린다.

tip 두 잔으로 나눌 때는 내린 커피를 서버에 옮겨 잘 섞은 다음 따르거나, 커다란 잔에 한 번에 내려 나누어 마신다. 그래야 커피 맛이 일정하다.

침출식으로 내리기

여과지를 사용하지 않고 커피를 물에 담갔다가 내리는 침출식으로 커피를 만들 수도 있다. 대표적 도구가 프렌치 프레스다. 원통형 용기와 커피 가루를 걸러내는 필터 달린 뚜껑으로 이루어진 프렌치 프레스는 미분과 커피 오일이 그대로 추출돼 맛에 대해 호불호가 갈린다. 여과지로 걸러내는 것보다 맛이 투박한 것이 매력이다. 또 거름 필터가 달린 냉침 포트는 여름에 냉침차를 우리거나 냉커피를 만들어 마실 때 편리한 도구다. 프렌치 프레스와 같은 방식이나 차가운 물로 우려내기 때문에 미분으로 인한 잡맛은 훨씬 덜하다. 더치 커피도 있다. 한 방울 한 방울 천천히 떨어져 커피의 눈물이라고도 불린다. 인도네시아에서 네덜란드로 커피콩을 운반하는 과정 중에 원두를 실은 배에서 오랫동안 맛있는 커피를 마시려고 네덜란드 상인들이 고안했다는 설이 있기도 하고, 로브스터처럼 맛이 쓰고 향이 연한 원두 종을 맛있게 먹기 위해 개발했다는 설도 있다. 더치 커피는 찬물로 천천히 추출하기 때문에 잡맛이 없다.

How to 24.0

프렌치 프레스일 때

재료 원두, 그라인더, 프렌치 프레스, 드립 포트, 온도계, 저울, 긴 스푼

1 신선한 원두를 2인 기준 약 25g 준비해 그라인더에 간다.
   전동 그라인더라면 프렌치 프레스용으로 갈고,
   핸드 밀이라면 나사를 조절해 최대한 굵게 간다.
2 프렌치 프레스의 필터를 꺼낸다.
3 커피 가루를 용기에 넣고 95도의 물을 적당량 부어 4분가량 뜸 들인다.
4 스푼으로 잘 저은 뒤 조금 더 우린다.
5 필터 달린 뚜껑으로 덮어 천천히 꾹 누른다.
6 잘 섞어서 잔에 따른다.

tip 미분이 어느 정도 나오는지 궁금해하는 사람들을 위해
     여과지에 걸러보았더니 제법 많아 보였다.
     텁텁한 맛을 싫어한다면 프렌치 프레스로 내린 커피가 부담스러울 수 있다.

How to **25.0**

냉침 포트일 때

재료 원두, 그라인더, 냉침 포트, 저울, 스푼

1. 신선한 원두를 2인 기준 약 25g 준비해 그라인더에 간다. 전동 그라인더라면 프렌치 프레스용으로 갈고, 핸드 밀이라면 나사를 조절해 최대한 굵게 간다.
2. 냉침 포트의 필터를 꺼내고 커피 가루를 넣는다.
3. 찬물을 적당량 붓는다.
4. 스푼으로 잘 젓는다.
5. 뚜껑을 닫아 냉장고에서 하루 정도 숙성시킨다.
6. 커피가 담긴 필터를 제거한다.
7. 얼음 넣은 잔에 커피를 따른다.

How to 26.0

워터 드립(더치 커피)일 때

재료 원두, 그라인더, 워터 드립, 저울, 병

1 신선한 원두를 워터 드립의 기준 용량에 맞추어 준비해 그라인더에 간다.
   모카 포트와 핸드 드립 중간 정도의 굵기로 비교적 곱게 간다.
2 커피 가루를 필터에 넣고 좌우로 살살 흔들어 평평하게 만든다.
3 커피 뒤로 동그란 여과지를 덮는다. 없으면 일반 여과지를 잘라 사용해도 된다.
4 물통에 찬물을 가득 붓는다.
5 뚜껑을 닫아 커피가 다 내려질 때까지 상온에 두고 기다린다.
6 추출이 끝나면 필터를 꺼내고 병에 따른다.
7 냉장고에 하루 이상 숙성시킨 뒤 냉장 보관해두고 마신다.

tip 더치 커피는 내려서 되도록 빠른 시일 내에 먹는 것이 좋다.
     양이 많을 때는 얼음 틀에 얼려 더치 큐브로 만들면 좀 더 오래도록 먹을 수 있다.

tip 신선한 커피를 즐기고 싶다면?

커피콩의 유효기간은 보통 1년으로
표기되어 있지만 신선한 커피를 맛보려면
볶은 지 3일 이내의 커피를 구입해서
볶은 날로부터 15일 이내에 마시는 것이 좋다.
홀 빈 상태로 구입해 마실 때마다
갈아서 커피를 내리면 풍부한 향미를
제대로 즐길 수 있다.

How to 28.0

더치 큐브로 만든 아이스라테

재료 더치 커피, 얼음 틀, 우유, 시럽
1 커피콩을 갈아 워터 드립으로 내린 더치 커피를 냉장고에서
   하루 정도 숙성시킨 뒤 얼음 틀에 넣고 얼린다.
2 얼린 아이스 큐브를 유리잔에 담고 우유를 가득 붓는다.
3 취향에 따라 시럽을 넣고 잘 섞어 마신다.

tip 더치 커피에 얼음 몇 알을 넣고 우유를 부어 마시는
     아이스라테는 강렬한 맛으로 시작해 뒤로 갈수록 점점 부드러워진다.
     반면 더치 커피를 얼음 틀에 넣고 얼린 다음 더치 큐브에
     우유를 부어 만든 라테는 고소하고 부드러운 맛으로 시작해
     시간이 지날수록 맛이 더욱 선명해진다.
     그러니 이 커피의 진짜 매력은 느림이다. 커피를 내릴 때도,
     커피를 즐길 때도 느긋함이 필요하다.

집에서 마시는 커피는　　해야 할 일 사이에서　　　　잠시 멈춤을 부르는　　쉼표,

혹은 그사이 하고 싶은 일을   살포시   밀어 넣는   접속이   역힐….

#07 커피 명가 산책

커 피 에   대해 깊이 알면 알수록   궁 금 함 이 늘어갔다.

어떻게 하면 커피를 맛있게 만들 수 있을까가 아니라
어떤 원두가 어떤 맛을 내는지 알고 싶었고, 누가 어떤 맛을 내는지도 궁금했다.
유명한 곳의 커피는 어떤 맛인지,
명인이 내린 커피는 내가 내린 것과 어떻게 다른지….
그런 궁금증이 쌓이기 시작하니 그곳, 혹은 그들의 커피를
맛보러 가지 않으면 안 될 것 같았다. 그래서 가보고 싶은
카페 리스트를 만들어 찾아다니기 시작했다.
때론 서울 시내 한복판으로, 때론 강원도 산골로, 먼 곳도 마다하지 않고
궁금한 커피 맛을 보기 위해 돌아다녔다.

그러면서 알게 된 건 그들의 커피 맛이 아니었다. 커피에 대한 끝없는 열정과 애정,
그리고 커피 한잔에 깃든 깊은 정성이었다. 누군가는 평생 몸과 마음을 다해 커피를 내리고
또 누군가는 커피에 관한 것을 모아 박물관을 만들기도 했다. 커피의 산지를 찾아 떠나거나
역사 기행을 하는 이도 있고, 커피 공장을 세우거나 커피를 가르치는 이도 있었다.
그런 사람들의 크고 작은 노력이 모여 우리나라 커피 문화가 탄탄해지는 것 같아
고마운 마음마저 들었고 그들의 커피를 맛볼 수 있어서 행복했다.

아직 가보지 못한 여러 곳도
언젠가는 가보게 될 것이다.
생각만으로도 어쩐지 설레는 걸 보면
커피 명가 산책은 끝이 아니라

이제   시 작 일 지   모른다.

다동 커피집
: 드립 커피를 무제한으로

다동 커피집은 드립 커피를 마음껏, 그것도 종류를 바꿔가며
계속 리필해서 마실 수 있는 곳이다. 다동 길 후미진 골목에서
찾은 이곳은 우리커피연구회를 이끌고 있는 이정기 선생이
운영한다. 이곳에서는 드립 커피를 '손흘림 커피'로,
배전은 '볶음'이라는 우리말로 부른다.
커피 마니아들 사이에서 통용되는 1서 3박(서정달·박원준·
박이추·박상홍 선생을 아우르는 말)이 우리나라
커피 1세대 바리스타라면 이정기 선생은 2세대로 통한다.
아쉽게도 그가 내린 커피를 맛보진 못했지만
케냐 AA, 카페라테를 시작으로 과테말라 안티구아, 에티오피아
예가체프, 콜롬비아 수프리모 등 여러 종류의 커피를 맛보았다.
그런 만큼 이곳에선 커피값이 아닌 입장료를 내야 한다.
맛 좋은 커피를 원 없이 마셔도 큰돈 들지 않고,
세련된 인테리어와 거리가 멀지만 곳곳에 그윽하고 부드러운
원두 향이 배어 있어 마음 편해지는 곳.
테이블에는 옛날 다방에서나 봤을 법한 설탕 통이 놓여 있고
스탬프로 카페 이름을 새긴 냅킨도 있다.
참고로 이정기식 손흘림 커피는 로스팅이 약하다.
게다가 커피를 내린 후 물을 섞기 때문에 더욱 연하다.
향과 맛은 살아 있되 아메리카노처럼 부드러운 맛이랄까.
커피를 좋아하는 사람이라면 꼭 한번 가볼 만한 곳이다.

Address 서울시 중구 다동 164-1
Telephone 02-777-7484
Time 11:00 AM~10:00 PM , 연중무휴

옛날 다방에서나 봤을 법한 설탕 통이 놓여 있고 스탬프로 카페 이름을 새긴 냅킨도 있다.

이곳에선 드립 서버에 담겨 나오는 커피를 직접 잔에 따라 마시는 재미도 있다.

드라마에서나 본 듯한 옛날 다방을 연상케 하는 테이블과 의자.

다동커피집은 드립 커피를 마음껏, 그것도 종류를 바꿔가며 계속 리필해서 마실 수 있는 곳이다.

다동 실 후미진 골목에서 찾은 이곳은 우리커피연구회를 이끌고 있는 이정기 선생이 운영한다.

두툼한 토스트와 잼, 삶은 달걀과 갓 튀긴 크로켓이 한 접시에 담겨 나오는 모닝 세트가 별미다.

바리스타 1세대를
대표하는 박이추
선생이 직접 볶은
콩으로 손수 내린
귀한 커피를
맛볼 수 있는 곳.

보헤미안 강릉
: 어느 날 커 피 명 장 과의 조우

처음 이곳을 찾았을 때, 어린 아들은 창가 앞 소파에 기대 잠이 들었고
남편과 나는 그런 아이를 바라보며 진한 커피를 마셨다. 보헤미안 강릉은
우리나라 바리스타 1세대를 대표하는 박이추 선생이 운영하는 곳이다.
커피 명장이 직접 볶은 콩으로 손수 내린 귀한 커피를 맛볼 수 있는 곳.
우리는 처음 왔을 때와 똑같이 하와이안 코나와 예멘 모카 바니마타리를 주문했다.
그사이 커피를 열심히 배우고 즐겼으니 내 입맛이 어떻게 변했는지도 궁금했다.
작업실을 훔쳐보고 싶은 마음을 억누르고 조용히 기다리니 저만치 65세 명장의
모습이 보인다. 내게는 서태지보다 더 멋진 우상 같은 존재라 가슴이 두근거렸다.
"커피 한 잔은 150ml입니다. 그 작은 잔에 담는 것은 (커피만은 아닙니다)
나의 사랑입니다."
카페에 적힌 한 줄 문구에서 커피를 대하는 그의 마음을 읽을 수 있다.
그는 매 순간 카페를 찾은 손님과 마지막 만남이라 생각하고
커피에 최선을 다한다고 한다. 문득 오가와 이토의 〈달팽이 식당〉이란 책이 생각났다.
깊은 사연과 상처를 가진 사람들이 작은 달팽이 식당에서 자신만을 위해
준비한 음식을 먹고 마음이 치유되었다는 이야기. 소설에서나 나올 법한 이야기를
25년 넘게 삶에서 실천하고 있었다. 그런 커피가 내게 올 준비를 하고 있으니
향이 어떻고 맛의 깊이가 어떻고 하는 부연 설명은 중요치 않다. 그저 감사할 따름.
쏟아지는 햇살만큼 따스한 기운이 목 안을 타고 넘어간다.
그때 누군가 내게 말을 건넸다.
"선생님께서 잠깐 안으로 들어오시래요."
"네? 저요?"
깜짝 놀라 하마터면 자리에서 벌떡 일어설 뻔했다.

Address 강원도 강릉시 연곡면 영진리 181
Telephone 033-662-5365
Homepage www.bohemian.coffee
Time 월~수 휴무, 목 8:00 AM~5:00 PM, 금~일 8:00 AM~3:00 PM

"커 피 한 잔 은   150 ml 입 니 다.

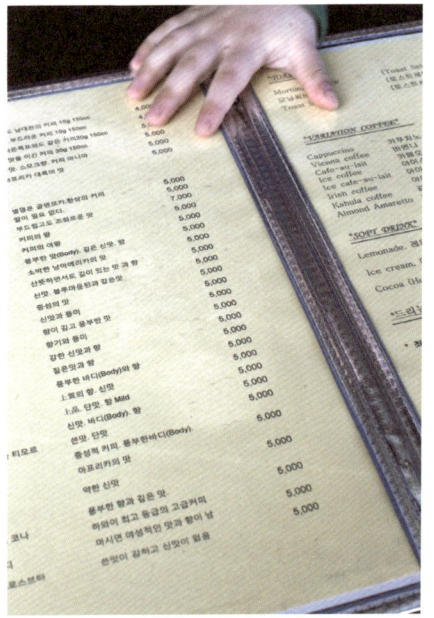

그 작은 잔에 담는 것은 (커피만은 아닙니다) 나의 사 랑 입 니 다."

"뭐가 궁금한데?"
의자를 끌어 앉으며 그분이 내게 물었다. 언제 왔는지, 어디서 왔는지,
전에는 어떤 커피를 마셨는지. 우물쭈물 얼굴만 발개진 내게 그는 큰 웃음을 지으며
이런저런 이야기를 해주셨다. "어떤 부부가 전셋값이 너무 올라 여행에 쓸 돈이
없어지자 아예 집을 정리하고 그 돈으로 여행만 했대. 근데 돌아와보니 집 얻기가
더 힘들더라 이거야. 그래서 제주도로 내려갔다 하더라고. 여행처럼 커피도 고민하지 않고
그냥 즐기면 되는 거야. 자기가 행복하면 그게 제일이지. 남의 커피만 마시지 말고
직접 콩을 볶아봐. 수망도 필요 없고 새 프라이팬 하나면 충분해. 거기다 그냥 볶는 거야."
그의 목소리는 따뜻하고 단단했다. 범접하기 힘든 카리스마의 소유자일 거라 생각했는데,
오랜만에 옛 스승을 뵙고 격려와 위로를 받은 기분이랄까.

"기계도 사람의 몸도 오래 사용하면 고장이 나기 마련입니다.
지난 25년간 수많은 커피를 내려온 손목이 이제 그만 쉬고 싶다는 신호를 보내옵니다.
커피를 추출하는 순간에는 오직 커피만 생각하려 하지만 주전자를 쥔 손목에
집요하게 따라붙는 통증을 더는 무시할 수가 없습니다."

커피 한 잔 더 마시고 싶었지만 가게에 적힌 문구가 떠올라 마음을 꾹 누르고
원두만 사 들고 나왔다. 부디 그의 손목이 오래도록 안녕하기를 기원하며.

오래된 로스트 머신과
대한민국 1세대 바리스타
박이추 선생.

"커피도 고민하지 않고 그냥 즐기면 되는 거야. 자기가 행복하면 그게 제일이지. 남의 커피만 마시지 말고 직접 콩을 볶아봐."

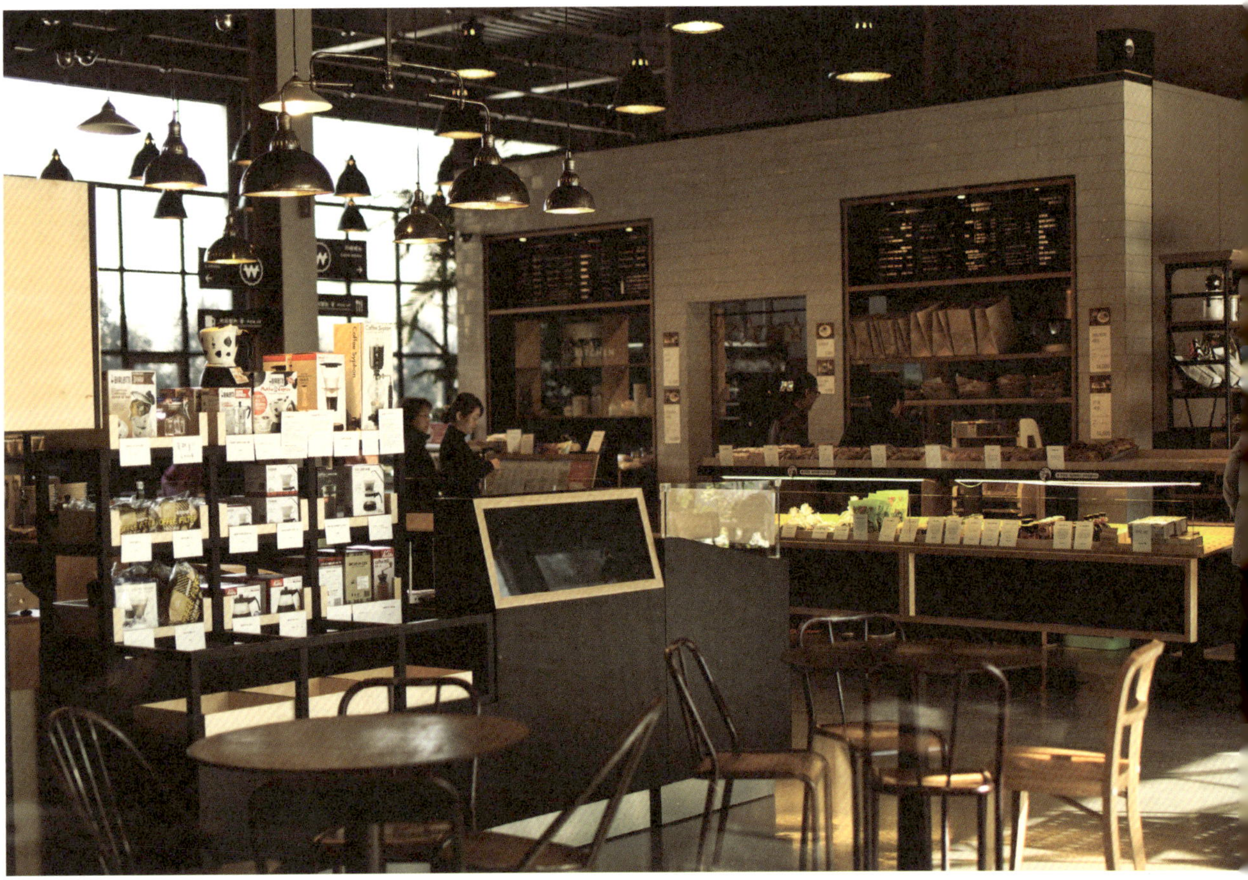

FACTORY670
COFFEE
BRUNCH, CAKE, DESSERT
BEAN SALE
COFFEE ACADEMY
TEL 031.718.0077
HANKOOKCOFFEE CO.LTD

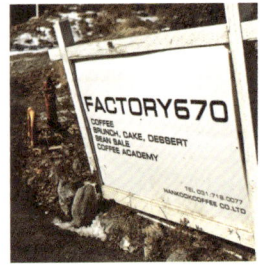

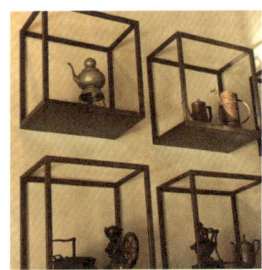

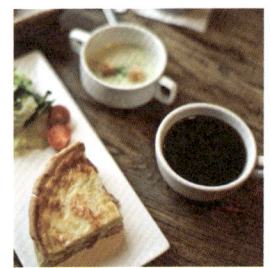

한국커피 FACTORY 670
: 괜찮은 커피와 함께 브런치를

꼬불꼬불 외진 길을 한참을 돌아 들어가 만난 곳.
그곳은 커피 볶는 공장 한편에 마련한 카페다. 산지에서 구입한
원두를 갓 볶아 그 자리에서 즐길 수 있는 곳으로 외관도
'FACTORY 670'이란 이름에 딱 어울린다.
안쪽은 통창으로 햇살이 아낌없이 쏟아지고 진열해놓은 다양한
커피 도구는 박물관을 연상케 한다. 따뜻한 조명은 천장이 높은
실내를 부드러운 분위기로 만든다. 빈티지한 테이블 곁 햇살 받아
반짝이는 커피나무는 또 얼마나 예쁜지.
이곳에서는 커피와 함께 자연 발효종으로 만든 빵과
다양한 브런치 메뉴를 맛볼 수 있다. 커피는 핸드 드립,
에스프레소, 더치 커피 등 다양하지만 특히 오늘의 커피가
가격도 맛도 만족스럽다. 내가 마신 오늘의 커피는 '도이창 피베리'.
피베리는 커피 체리 안에 한 개의 빈만 들어 있어 수확량이
적고 하나하나 손으로 수확해야 하므로 값이 비싸다.
도이창 커피는 해발 1,200~1,600m 고산 지대에서 자라 원두의
밀도가 높고 단맛이 나며 깊은 보니삼과 균형 잡힌 신맛,
스모크 향과 캐러멜 향, 마카다미아 너트의 풍미도 느낄 수 있다.
최근에는 스페셜티급으로 인정받는다고 한다.
함께 간 남편은 타라주를 주문했다. 코스타리카 타라주는 신맛과
감칠맛이 좋고 와인 맛이 난다. 커피와 함께 주문한 호두 캉파뉴는
겉은 기분 좋게 바삭하고 속은 부드러웠다. 키시, 수프, 샐러드가
커피와 함께 나오는 브런치 메뉴도 먹어볼 만하다.

Address 경기도 광주시 오포읍 수레실길 144 한국커피
Telephone 031-718-0077
Homepage www.factory670.com
Time 10:00 AM~9:00 PM, 명절 휴무

커피를 마시면서 한참 동안 바리스타가 핸드 드립하는 모습을 구경했다.
한 잔을 내리는 데 두세 잔 분량의 커피콩을 듬뿍 넣고 나니 잠시 후
아주 매끈하고 동그란 커피 빵이 부풀어올랐다. 그 위로 솔솔 커피 향이 퍼지고
마지막까지 그 모양이 무너지지 않는다. 가장자리 1cm는 물이 닿지 않게 하는 것이
핸드 드립의 원칙이라는데, 그의 솜씨가 꼭 교과서 같다.
나도 저렇게 예쁜 커피 빵을 만들고 싶다는 생각에 고수의 손놀림이 부러웠다.

이곳에서는 커피와 함께 자연 발효종으로 만든
빵과 브런치 메뉴를 맛볼 수 있다.
커피는 핸드 드립, 에스프레소, 더치 커피 등
다양하고 원두 구입도 가능하다.

왈츠와 닥터만
: 커피 문화를 보고 듣고 음미하고 싶다면

웅장한 느낌의 붉은색 건물과 그 앞으로 펼쳐진 시원한 강가.
왈츠와 닥터만은 그렇게 북한 강변을 마주하고 있다.
한국 최초의 커피 박물관으로 알려진 그곳에 꼭 한 번쯤 다녀오고 싶었다.
체험비가 포함된 입장료는 5,000원. 박물관 앞을 지키고 있는
빨간 자동차에서 티켓을 구입했다.
붉은색 문을 열고 계단을 올라 2층에 들어서면 방명록과 함께
박종만 관장이 직접 쓴 책이 진열되어 있다.
1~5관으로 구성된 커피 박물관은 커피의 역사로 시작해 커피의 일생,
커피 문화, 미디어 자료실과 커피 재배 온실로 이어진다.
2층부터 시작되는 관람 동선을 따라 예스러운 그라인더와 탐나는 주전자,
다양한 로스터를 구경하고 생두와 볶은 원두의 무게를 가늠하다 보면
자연스레 핸드 드립을 체험할 수 있는 곳에 이른다.
여과지 접는 방법부터 여과지를 물로 적셔 헹구는 린싱(rinsing)과
예열 과정을 거쳐, 커피콩을 골라 핸드 밀로 갈아낸 다음
드리퍼에 넣고 물을 부어 커피를 내린다. 안내대로만 하면 초보자도
그리 어렵지 않게 핸드 드립 커피를 내릴 수 있다.
직접 내린 커피를 들고 오래된 다방 분위기가 감도는
미디어 자료실에서 커피 관련 영상을 보고 3층으로 올라갔다.
이곳은 커피 재배 온실답게 추운 날씨에도
싱그럽게 자라고 있는 커피 묘목이 한눈에 들어온다.
커피 가루와 콩으로 엽서를 꾸미거나 생두를 직접 로스팅할 수 있는 공간도
마련되어 있다. 로스팅 체험을 하려면 체험비 5,000원을 추가로 지불해야
하지만 홈 로스팅이 궁금한 이에겐 좋은 기회가 될 듯.
온실 입구에서 내리는 더치 커피는 시음이 가능하고 구입할 수도 있다.
그 외에도 커피와 책, 각종 도구와 소품을 판매한다.
창가 옆쪽의 바에서는 다른 방문객들을 위한 커피 체험을 준비 중인
듯했다. 창밖으로 흐르는 강을 바라보며 커피를 내려 마시는 기분은
또 얼마나 특별할까.

웅장한 느낌의 붉은색 건물은 한국 최초의 커피 박물관으로 알려진 왈츠와 닥터만. 박물관 앞을 지키고 있는 빨간 자동차에서 티켓을 구입한다.

Address   경기도 남양주시 북한강로 856-37
Telephone 031 576-0020
Homepage   www.wndcof.com
Time   커피 박물관 10:30 AM ~ 6:00 PM
           (5시까지 입장 가능), 월요일 휴관,
           대인 5,000원 / 소인 3,000원
           레스토랑 10:30 AM ~ 11:00 PM,
           연중무휴

2층에 들어서면 방명록과 함께 박종만 관장이 쓴 책이 진열되어 있다. 박물관 구경을 끝내면 직접 핸드 드립을 체험할 수도 있다.

박물관은
커피의 역사로
시작해
커피의 일생,
커피 문화,
미디어 자료실과
커피 재배 온실로
이어진다.

2층부터 시작되는 관람 동선을 따라 예스러운 그라인더와 탐나는 주전자, 다양한 로스터를 구경할 수 있다.

박물관 뒤편으로 가면 점잖은 노신사가 정중하게 반기는 고풍스러운 분위기의
왈츠와 닥터만 레스토랑이 있다. 커피값이 살짝 부담스럽긴 하지만 느긋하게 앉아 리필 가능한
드립 커피를 마시며 맛과 분위기, 풍경을 음미해보는 것도 괜찮을 것 같다.
박물관 구경과 체험을 마치고 돌아 나오는 길, 커피 전문가이자 애호가로 잘 알려진 박종만 관장처럼
나도 언젠가 커피의 역사와 문화를 좇아 커피 여행을 떠나보면 좋겠다는 생각이 들었다.

커피공장
: 오, 나의   테 라 로 사

처음 꼬불꼬불한 시골길을 달려 강릉에 있는 커피공장 테라로사에
도착했을 때 입구에서부터 갓 구운 빵 냄새가 솔솔 새어 나왔다.
내부는 예상대로 멋스러웠다. 먹음직스러운 빵이 가득했고,
켜켜이 쌓인 커피 자루가 커피만큼 탐났으며,
구석구석 구경거리가 많아 내겐 흡사 보물 창고 같기도 했다.
다시 그곳을 찾은 날은 강원도 산간 지방에 대설주의보가 내린
어느 늦은 오후. 시야가 흐릿할 정도로 펑펑 쏟아지는 눈을 가르며
테라로사를 찾아갔다. 이런 날씨에 카페 놀이는 더 이상의
설명이 필요 없다. 빵 맛은 더 구수하고 카페 안을 감도는 공기에도
특별한 기운이 스며 있다. 마음에도 우산이 필요할 것처럼
눈 내리고 하늘 무거운 날.
마음   통하는   사람과 함께   커피를 마시는 것만큼   좋은 일이 있을까.

그렇게 몇 년의 시간이 흘렀는지 모른다.
오가는 여행길, 그곳에서 저녁밥 대신 커피를
마시기도 하고 여독을 풀기 위해 들르면서 단골이 되었다.
그러는 동안 테라로사는 많이 변했나.
테이블 간격이 다닥다닥 가까워지고, 한가운데
긴 테이블이 놓여 도서관처럼 보이기도 했다.
로스팅실이 있던 자리가 시원하게 뚫리고 배전기가 밖으로
노출된 것은 좋지만, 한 테이블에 모르는 사람들과
함께 앉아야 하는 건 조금 낯설다.
다행히 커피 맛은 여진하고 케이크와 머핀도 맛있다.

또 다른 테라로사를 찾아다니는 재미도 빼놓을 수 없다.
강릉에서 택시를 타고 '테라로사'로 가자 했더니
테라로사 공장이 아닌 바닷가에 내려줘 당황했다는
이야기를 들은 적이 있다.
하지만 우리는 일부러 테라로사 사천점 '커피 포레스트'를
찾아가기도 했다. 이름에 '포레스트(forest)'를
붙인 것은 어쩐지 카페 앞을 둘러싸고 있는
키 큰 나무 군락 때문인 것 같다. 1, 2층 모두 창이 넓어
전체가 유리로 된 건물처럼 보이기도 한다.
창으로 쏟아지는 빛이 넉넉해서 좋고, 사방으로 펼쳐진
자연 풍광이 특별해서 좋다. 카페는 역시 전망이라고
생각하는 사람에겐 이만한 공간도 없을 것 같다.

내가 테라로사 커피 마니아가 된 것은
〈테라로사 커피로드〉라는 책을 읽고 나서다. 저자 이윤선은
세계적 커피 품평회 COE(Cup Of Excellence)의
한국인 최초 심사위원이자 테라로사의 그린빈 바이어다.
그린빈 바이어란 품질과 맛이 좋은 커피를 찾기 위해 커피
산지를 직접 돌아다니며 농장과 직거래하는 일을
관리 감독하는 사람이다. 예전에는 단순히 커피의 역사에
흥미를 느꼈다면 이 책을 읽은 후로는 커피를 재배하는
농장과 사람들 이야기에도 관심이 갔다.
그리고 좋은 커피를 선택하기 위해 수확부터 가공 과정까지
꼼꼼히 관리해 들여오는 테라로사에 깊은 믿음 같은 것이
생겨났다. 그러다 보니 테라로사 강릉 커피공장,
커피 포레스트, 양평 서종점까지 테라로사 지점을
두루두루 찾아다니며 각각의 맛과 분위기를 비교하며
즐기게 되었다. 테라로사 커피 산책이 내겐 하나의
취향이자 일상의 소소한 즐거움으로 자리한 듯하다.

온실에서 자라는 커피 나무들은 볼 때마다 탐이 난다.

좋은 커피를 선택하기 위해 수확부터 가공 과정까지 꼼꼼히 관리해 들여오는 테라로사. 이곳은 강릉 커피공장, 커피 포레스트, 양평 서종점까지 각지에 있는 여러 지점을 찾아다니는 재미도 빼놓을 수 없다.

테라로사에서 맛볼 수 있는 커피와 먹음직스러운 빵.
양평에 있는 서종점에도 흡사 보물 창고 같은 구경거리가 구석구석에 있다.

커피공장 테라로사 강릉
Address 강원도 강릉시 구정면 헌천길 25
Telephone 033-648-2760
Homepage www.terarosa.com
Time 9:00 AM~ 9:00 PM, 연중무휴

테라로사 사천점 커피 포레스트
Address 강원도 강릉시 사천면 순포안길 6
Telephone 033-643-7979
Time 월~금 10:00 AM~10:00 PM,
  토~일 9:00 AM~10:00 PM

테라로사 커피 서종점
Address 경기도 양평군 서종면 북한강로 992
Telephone 031-773-6966
Time 9:00 AM~9:00 PM, 연중무휴

테라로사 커피 서종점 2층에는 북유럽 문화원이 자리하고 있다.
다양한 전시를 통해 북유럽의 분위기를 물씬 느낄 수 있다.

이른 토요일 아침, 혼자 일어나 마시는

커피 한잔이 그렇게 여 유 로 올 수 없 다 .

보통의 일상, 평범한 나를 돋보이게 만드는   아름다운   취향
A   Balanced   Life

Mo co

Heleanna Georgalis

epilogue

혼자 쓰는 책은 처음입니다.
처음이라 어색했고, 어려웠고, 오랜 시간이 걸렸습니다.
그만큼 오래도록 특별한 의미로 기억될 것 같기도 합니다.
쉽고 마음 편하게 읽을 수 있는 책,
꼭 읽지 않아도 늘 곁에 두고 문득문득 들춰보고 싶은 책,
시간의 변화에 금세 바래지 않고 오래도록 가치 있는 책,
그런 책을 쓰고 싶었습니다.
소소하고 평범한 이야기가 책의 모양새로 세상에 나올 수 있도록
무심코 꺼낸 타인의 일상과 번민까지
따뜻한 시선으로 받아주신 많은 이웃께,
깊은 행복스노 끝까지 비슬어준 이 책의 편집자에게,
늘 믿고 지지해준 가족에게
진심으로 고마움을 전합니다.

집
안에서

1판 1쇄 인쇄 2016년 5월 6일
1판 1쇄 발행 2016년 5월 20일

지은이 김은정(다다)
발행인 김재호 | **출판편집인 · 출판국장** 박태서 | **출판팀장** 이기숙

기획 · 편집 송기자 | **진행** 유은혜 | **아트디렉터 · 디자인** 최진이
교정 한정아 | **마케팅** 이정훈 · 정택구 · 박수진
펴낸곳 동아일보사 | **등록** 1968.11.9(1-75) | **주소** 서울시 서대문구 충정로 29(03737)
마케팅 02-361-1030~3 | **팩스** 02-361-1041 | **편집** 02-361-0858
홈페이지 http://books.donga.com | **인쇄** 삼성문화인쇄

저작권 ⓒ 김은정
편집저작권 ⓒ 2016 동아일보사

이 책은 저작권법에 의해 보호받는 저작물입니다.
저자와 동아일보사의 서면 허락 없이 내용의 일부를 인용하거나 발췌하는 것을 금합니다.
제본, 인쇄가 잘못되거나 파손된 책은 구입하신 곳에서 교환해드립니다.

ISBN 979-11-87194-07-1 13590 | **값** 17,000원